JN098427

Administrative Procedures
and Municipal Law

行政手続と
自治体法務

法律、条例、判例をおさえて
公正・透明な行政手続を実現する

Itagaki Katsuhiko
板垣勝彦

第一法規

はしがき

　大学教員となって10年がたち、全国各地の自治体で研修講師を務める機会も増えてきた。その中でも特にリクエストが多いのが、「行政手続」に関する研修である。そのような中、「自治実務セミナー」706号～717号において、自治体職員向けに「行政手続」について解説した連載が大変な好評を博したため、多くのご要望を受けて、加筆・修正を施した上で、1冊の本にまとめることにした。

　自治実務セミナーの連載では、研究者としての学問的な知見と、研修講師を務めた際の反応や質疑・応答から得られた蓄積を踏まえて、裁判例などを素材としながら、実務に役立つ内容の行政手続のポイントについて、分かりやすく説き明かしていくことを心がけた。

　本書を手にとられるのは、原課の職員よりも、むしろ総務課や法務課に所属しており、全庁的に適正手続の意義について啓発し、普及徹底を図らなければならない職員の方であろうと思われる。そのような読者向けに、他職員に対し分かりやすく納得してもらうにはどうしたらよいか、私なりの極意をまとめてみたつもりである。全国の自治体で適正手続の考え方が浸透していく一助となれば、これ以上の喜びはない。

　本書の刊行に際しては、第一法規の木村文男さんと石川智美さんに大変お世話になった。記して謝意を表する。

令和5年9月

板垣勝彦

■行政手続と自治体法務／目次

はしがき

第1章 行政手続の意義 ······· 1

第2章 申請に対する処分 ······· 19

第1章

行政手続の意義

行政処分に着目する理由

　何についてもいえることだが、行政手続の解説は、その意義に関する説明が一番難しい。行政手続は、行政処分だけではなく、行政立法、行政計画、行政契約、行政指導など、行政のあらゆる活動に関係するのだが、その核心部分が行政処分に関する事前手続であるため、以下では、行政処分における事前手続の意義に着目して、説明を行う（行政処分の事後手続として用意されている行政不服申立てについては、本書では割愛する）[1]。

　行政処分に着目する理由については、もう少し丁寧に説明しておく必要があろう。行政手続は、それぞれの行政活動（行政作用ともいう）ごとに存在する。その典型が、行政処分である。具体的には、道路交通の安全のために自動車の運転を一般的に禁止した上で、運転免許を付与された者に限って運転を認めるとか（許可——一般禁止の特定解除）、固定資産税の賦課決定によって10万円の納税義務を課するといったことが（命令）、行政処分に属する。平成5（1993）年に行政手続法が制定されたとき、立法者は、禁止、許可、命令など、それまで講学上様々に分類されていた行政処分を、「申請に対する処分」と「不利益処分」の2つへと分類した。前者の典型が許可であり、後者の典型が命令である。これはわが国の立法実務において極めて画期的な出来事であった。筆者は、行政争訟法の理解においても「申請に対する処分」と「不利益処分」の2区分を前提に説明を行うことが適切であると考えている。

　しかし、現実の自治体職員にとって、行政処分を行うということは、部署にもよるが、それほど日常的な事務ではない。不利益処分に至っては、

---

(1)　行政手続の沿革について、宇賀克也『行政法概説Ⅰ〔第8版〕』（有斐閣、2023年）469頁。

税務課にでも所属していない限り、ほぼ経験することはないと言ってよい（課税処分は個別法で行政手続法の適用が除外されていることがほとんどであるが、その性質は紛れもなく不利益処分である）。それなのに、なぜ立法者は行政手続法だけでなく行政不服審査法や行政事件訴訟法といった争訟制度まで整備し、行政法の授業では、この実務でほとんどお目にかからない行政処分について一生懸命説明されるのだろうか。

　それは、行政処分が、私人の権利を制限し、あるいは義務を課すという、非常に強力な権限の行使だからである。「取扱い注意」の権限であると言い換えてもよい。行政庁がこのような権限を行使することが認められているのは、公共の福祉を確保するために必要だからである。こうした強力な権限は本来的にヨイコトをするために認められているのではあるが、禁止、許可、命令は、取扱いを少し間違えると私人の権利を著しく侵害することにも繋がりかねない。また、権力は容易に腐敗することも、歴史が広く教えるところである。この文脈における法律は、権力の行き過ぎを抑えるためのルールとしての役割を演じる。したがって、こうした強力な権限の行使は法律の根拠が存する限りで（法律の留保）、目的達成のために必要な限度においてのみ認められる（比例原則）。

2 実体規定と手続規定の相違

　行政処分について定める法律の条文のことを、実体規定と呼ぶ。実体規定は、要件規定と効果規定へと分かれる。**「行政庁は、ⒶのときはⒷをすることができる」**という具合である。このときのⒶを要件規定、Ⓑを効果規定と呼ぶ。抽象的に説明してもピンとこないと思われるので、皆さんが最も恐れる職員の懲戒処分（地方公務員法29条1項）の規定を例に、説明を加える。自分が行政処分を発する側ではなく、その相手の側に立ってみるのが、行政処分の「取扱い注意」であるゆえんを最もよく理解できるからである。

○地方公務員法（昭和25年法律第261号）

　（懲戒）

第29条　職員が次の各号のいずれかに該当する場合には、当該職員に対し、懲戒処分として戒告、減給、停職又は免職の処分をすることができる。

　一　この法律若しくは第五十七条に規定する特例を定めた法律又はこれらに基づく条例、地方公共団体の規則若しくは地方公共団体の機関の定める規程に違反した場合

　二　職務上の義務に違反し、又は職務を怠つた場合

　三　全体の奉仕者たるにふさわしくない非行のあつた場合

2～4　略

　地方公務員法29条1項では、行政庁に関する言及がない。ここには任命権者（同法6条1項）が入る。多くの場合、任命権者は長であるから、「長は、Ⓐ職員が次の各号のいずれかに該当する場合には、当該職員に対し、Ⓑ懲戒処分として戒告、減給、停職又は免職の処分をすることができる」と読

めばよい。

　要件規定（Ⓐ）に該当するのは、地方公務員法29条１項１号～３号の規定に該当する場合であり、法令・条例違反（同項１号）、職務義務違反・懈怠（同項２号）、全体の奉仕者たるにふさわしくない非行（同項３号）へと分かれる。このように、懲戒処分のような不利益処分の根拠であれば、Ⓐには相手方が何か悪いことをした事由（原因事実→第３章110頁）が書き込まれている。最も争いになりやすいのは２号該当性であり、昔ならばリボン闘争を行った労働組合員の行為が「職務を怠つた」といえるのか（大阪高判昭和51年１月30日判時804号３頁）、最近だと教職員が卒業式で国歌を斉唱しないことが「職務上の義務に違反し」たといえるのか（最判平成24年２月９日民集66巻２号183頁）といったことが激しく争われる。

　次に効果規定（Ⓑ）については、戒告、減給、停職又は免職というように、相手方に与える制裁的な処分として、いくつかの選択肢（オプション、メニュー）が示されている。このとき、Ⓐの要件が充たされていないのにⒷの処分を行うことが許されないのは、すぐに理解できることと思われる。たとえば、有給休暇を取得した者に対し、「職務を怠つた場合」に該当するとして懲戒処分を下すことは許されない。有給休暇の取得は「職務を怠つた」とはいえないからである。次に、Ⓑにおいて選択肢に入っていない処分を下すことも、当然認められない。横浜市の職員が収賄など重大な非行を犯した場合であっても、プライベートにおいて、横浜市から向こう20年間の追放を命ずるなどということは禁じられる。できるのは、法律で定められた戒告、減給、停職そして免職の４種類の処分に限られる。これは行政法の基本原理の１つである「法律の留保」とも関係してくる話であり、裏を返せば、法律で認められていない「厳重注意」などはある種の行政指導として、事実上の効果しか有しないのである。

　さらに、法文上はⒷとして認められている選択肢であったとしても、個別・具体的事情の下で行政庁が発令することは許されない場合もある。これが、裁量権の逸脱・濫用という問題である（行政事件訴訟法30条参照）。職

場のコピー用紙を1枚持ち帰った職員に対し、「全体の奉仕者たるにふさわしくない非行」があったとして（Ⓐ）、免職の処分を下すことは（Ⓑ）、さすがにやりすぎということで、違法の評価を免れない[(2)]。

　実体規定への違反は、刑事罰で例えると分かりやすい。Ⓐの要件（構成要件）が充たされていないのにⒷを行うというのは、物を盗んでいないのに窃盗罪で処罰するのと同じようなものなのである。これに対し、（Ⓐは充たされていたとしても）Ⓑとして認められていない処分を下すというのは、法定刑が10年以下の拘禁刑と定められている窃盗罪（刑法235条）で無期の拘禁刑とか死刑判決を下すようなものと理解できる。裁量権の逸脱・濫用についていえば、シャープペンシルの芯を1本盗んだ者に対して拘禁刑10年の判決を下すのは、（たとえ条文上は拘禁刑10年という刑罰を科すことが認められているとしても）犯した罪の重さと刑罰とがバランスを欠いている。このように、実体規定に違反した処分（これを処分の実体的違法と呼ぶ）が違法であって取り消されるべきことは、直感的に理解できよう。

---

(2)　本文の設例は、効果裁量として免職の処分は重過ぎる（比例原則違反である）という文脈で説明しているが、コピー用紙を1枚持ち帰ったという行為について、「全体の奉仕者たるにふさわしくない非行」に該当すると判断する要件裁量も、同時に問題となる。なお、「全体の奉仕者たるにふさわしくない非行」について要件裁量が認められるか否かについては学説上争いがあるが、本書では認められるという前提に立つ。

3 適正手続を遵守することの意義

　ところが、手続規定への違反が厳しく戒められる理由は、なかなか理解しづらいところがある。先ほどの例でいうと、手続規定とは、「行政庁は、Ⓐのときは【必要な手続を踏んだ上で】Ⓑをすることができる」というときの【 　】内の部分に相当する。一般には、**①告知と聴聞、②文書の閲覧、③基準の設定・公表、④理由の提示**の４つが、適正手続の原則として紹介される。

① **告知と聴聞**：処分を行う前に、相手方にその内容と理由を知らせ（告知）、言い分を聴くこと（聴聞）。
② **文書の閲覧**：特に聴聞の際に、行われようとしている処分の根拠となる証拠（文書）の閲覧を認めることで、的確な意見を述べられるようにすること。
③ **基準の設定・公表**：処分を行う際に依拠する基準（審査基準・処分基準）を事前に設定・公表すること。
④ **理由の提示**：処分を行う際に、その理由を相手方に知らせること。

しかし、そのように説明されても、「行政庁が【必要な手続を踏まなかった】ところで、収賄の事実が消えてなくなるわけではないし、結論が変わらなければそれで構わないんじゃないの？」という疑問が、誰でも一度は浮かぶはずである。そもそも結論が変わるのであれば（よく調べてみたところ、収賄の事実自体が存在しなかったなど）、それは実体規定にも違反しているわけで、手続的違法ではなく実体的違法を理由として処分を取り消すべきであり、手続的違法に独自の意味など見出せないのではないか。

　ただ、適正な手続が履践されなかったとして、そのようにして得られた証拠によって認定された事実は、果たして「正しい」事実であったといえるのだろうか？　何やら哲学的な問いとなってしまったが、確かに「客観的な真実」は１つである。だが、行政処分や刑罰の根拠とされる「事実」は、裁判所のフィルターを通した「事実」でしかない。裁判所は神様ではないので、タイム・マシンでも使わなければ、本当に起きた「客観的な真実」は確かめようがないのである。したがって、実際の事実認定は、各種の証拠や証言を基に、本当に存在したのか十分な心証をもって確定することができない要素を取り除き、最大公約数的なカタマリだけを残して「認定」されたものにすぎない。

　これまた、自分が行政処分を受ける相手方の立場で物事を考えてみるのが最も分かりやすい。Y市役所のX係長が、部下Aに対するパワー・ハラスメントを理由に停職６か月の懲戒処分を受けたという事例を想定してみよう。

　係長に昇任したばかりのXは、部下であるAに手を焼いていた。Aは、大学を卒業後、３年間勤めた銀行を退職し、この春からY市に採用されたのだが、有力者の係累であるらしく自信満々であった。何かにつけて官庁と民間の差異を強調するAは、「こんないい加減な会計処理は、民間では通用しませんね」、「やっぱりお役所仕事は世間とズレています」と大口を叩く一方で、なかなか仕事のやり方を覚えようとはせず、書類の提出が遅いために業務に

支障を来すことがしばしばであった。にもかかわらず、なぜか女性職員に人気があったＡは、独身であるＸを小馬鹿にしたような態度に終始した。Ｘが「職場なんだから、けじめをつけなさい」と注意すると、Ａはエセ関西弁で、「イジリに本気になるなんて、器が小ちゃいなぁ」と言い放つのであった。

　Ａが配属されて２か月がたったある日、課内で業者との間の大事な契約書が紛失した。「確かに前日にＡさんに渡したはずなんです」と顔を真っ青にして訴える気弱な職員Ｂに対し、Ａは、「私はＢ君からそんな書類を受け取った覚えはありません」と平然と言い放った。さすがに我慢がならなくなったＸは、Ａを別室に呼び出して、２人だけの状態で、「こんなことでは役所の仕事はとても務まらないぞ。自分から積極的に仕事に取り組みなさい。銀行は銀行、役所は役所だ。契約書のことも、もし紛失したのならば仕方のないことなのだから正直に言ってくれた方がよい。最初の６か月は条件付き任用期間であることを忘れないように」と強い調子で叱った。Ａは目を合わせずに反抗的な様子で黙って聞いていた。ところが、Ａはこの日を境に欠勤を続け、病気休職となった。

　１か月後、人事課長Ｃから呼び出しを受けたＸは、信じられない事実を告げられたのであった。Ｃは、「Ａさんに条件付き任用期間であることをちらつかせてパワー・ハラスメントを行ったそうですね。Ａさんはあなたから銀行でのキャリアを否定された上に『この大馬鹿もの！　あれは業者の大切な契約書だぞ！　それを紛失してしまいおって！　この契約書１枚ほどの価値もないおまえが！　死ね、死んで償え！』と罵倒されてPTSDを発症してしまいました。診断書もあります。それと、あなたには別件でセクシュアル・ハラスメントの疑惑も浮上しています」と伝えた上で、ＡはＸのいる職場には復帰できそうにないので、Ｘを厳しく処断することを望んでいる旨を伝えられた。

　懲戒委員会が１週間後に行われるという通知を受けたＸは、弁護士Ｄに頼んで、とにかくしっかり弁解をしようと考えた。パワハラに事実誤認があることは確かであるし、セクハラにおいては身に覚えがないので、ともかく懲

戒委員会がいかなる証拠を持っているのか、その開示を求めることにした。ところが、懲戒委員会からの回答は、事実認定に支障を来すため、証拠の開示には応じられないという一点張りであった。懲戒委員会の事務局長Eは、Xに対し、「事前に証拠なんて見せたりして、周到に準備されたら困りますからね」と半笑いで告げた。当方には弁護士もいるので、特にAに対し、その証言について反対尋問させてほしいと訴えたが、Eからは、「Aさんを心理的にさらに追い詰めるつもりですか！」と拒絶された。せめて懲戒委員会の審問には弁護士Dを同席させてほしいとお願いしても、Eは、「やましいことがあるから弁護士なんてつけるのでしょう」と応じなかった。後日、判明したことだが、Eは有力者であるAの父親と公私にわたり昵懇の関係なのであった。

審問の当日は、案の定、Xに対する吊し上げの状態で、あなたのような職員がいることは本市の恥ですなどと強く非難されるだけで、Xの言い分は全く聞き入れてもらえず、「条件付き任用期間であることを強調した」、「契約書紛失の疑いをかけた」、「強い調子で叱責した」という「事実」が認定されたのであった。セクハラについては、Xが女性職員を気持ち悪い視線で眺めていたという情報が寄せられたとのことであり、証拠不十分で認定はされなかった。

果たして、Xには停職6か月の懲戒処分が下された。通知書には、「パワハラでAを病気休職に追い込んだため（地方公務員法29条1項1号）」と記載されていた。確かに、内規上は、ハラスメントで同僚を退職や長期休職に追い込んだ者の懲戒処分の目安は停職3〜6か月ないし免職と定められていたのであった。

　昭和の時代ならば生意気な新人は二、三発シメられて終わりだろうが、令和の公務員にとって必要なのは、一に忍耐、二に忍耐ということであろうか。まず目につくのは、懲戒委員会の関係者が、端からXの言い分を聞く姿勢を持ち合わせていないことである。適正手続の原則のうち、①**告知と聴聞**を行ったといっても、これでは形だけであって、Aが有力者の係累であり、Eなどとも昵懇の間柄であるというのは、「何人も自己に関する事

件について裁判官たり得ない」とする「自然的正義（natural justice）」の理念に悖る。いずれにせよ、他方の言い分を鵜呑みにすることで、(1)**客観的真実から遠ざかる**というのが、適正手続を履践しないことの第一のデメリットである。

　次に、Aの主張の真偽を確かめるための反対尋問の機会を設けないというのも、真実を解明する上では非常に危険なやり方である。客観的に見ると、AがXから受けた叱責の様子をかなり脚色して伝えていることは確かであり、こうした明白な嘘というのは、プロの手で冷静に矛盾点を突いていけば、かなりの部分まで削ぎ落とすことが期待できる。しかし、反対尋問が認められなければ、そうした機会も失われることになり、やはり(1)**客観的真実から遠ざかる**。懲戒委員会が手持ちの証拠資料の開示を拒絶したことも、この観点から強い疑問がある。でっち上げの証拠資料を根拠に処分が下されてはたまらないから、Xには証拠を弾劾する（証拠の信憑性を低下させる主張を行うこと）権利が保障されていなければならない。適正手続の原則でいうと、②**文書の閲覧**に関係する。

　どこからか降って湧いたようなセクハラ疑惑については、最低でも、「誰が」、「どのような」嫌がらせの被害を訴えているのかぐらいは、審問の前に明らかにされる必要がある。大学教員のアカデミック・ハラスメント事案でも、普段から数十人、数百人単位の学生を相手にしているため、一体誰からの訴えなのか事前に教えてもらわないと、審問の当日まで心の準備ができないと聞く。これも広い意味では②**文書の閲覧**に関係する。

　このように、適正な手続を踏まなければ、(1)**客観的真実から遠ざかる**ということは、一定程度まで理解できよう。ただし、設例では、脚色を排したとしても、「最大公約数的なカタマリ」の「事実」として、「条件付き任用期間であることをちらつかせた」、「契約書紛失の疑いをかけた」、「強い調子で叱責した」ことは確かであり、これらの事実は、受け取り方の大小にもよるが、Xへの懲戒事由（懲戒処分のⒶ要件となる事実）とされてもおかし

くはない⁽³⁾。筆者としては、このくらいの叱責は職務の範囲内として許容されなければ到底やっていけないと感じるのだが、誰もいない場所でXがAを叱責したことは、軽率だったかもしれない⁽⁴⁾。Xにとって厳しい見方をすれば、市役所当局の手続がまずかったからといって、客観的真実から遠ざかったとは即断できないのではないか。

　それでも、読者の多くが判然としないと思われるのは、やはり自身をXの立場に投影させたとき、こうした扱いを受けることの恐怖からであろう。市役所当局は、Xを一人の人格として尊重していない。憲法13条から導かれる、**(2)個人の尊厳、人権保障の理念に反する**のである。どんなに重大な違反行為を行った者であっても（そして、それがいかに明白であったとしても）、その人格を尊重せずして処分を下してはならない。Aに対する反対尋問、証拠の弾劾の機会が認められず、一方的に糾弾されたのでは、告知と聴聞の機会が保障されたとは到底言うことができない。最低限、審問への弁護士の同席は認めるべきであったろう。

　Xは悪いことをしたのだから、これくらいの扱いも甘受すべきと考えてしまいがちだが、わが身に降りかかってきた場合のことを考えれば、短絡的である。一事が万事であって、不適正な手続で職員を追い詰めるような組織は、やがて職員の士気も下がり、住民からの信頼も失い、崩壊まっしぐらとなる。**(3)社会全体の利益**から見ても、適正手続を遵守する必要性は高い。

　仮に、Xが審問の前に都合の悪い証拠を廃棄したり、Aと近しい証人に圧力をかけたり、Xにとって有利な証人と口裏合わせをする危険があるから、証拠開示は認めるべきでないとする向きがあるかもしれない。しかし、

---

(3)　むろん、停職6か月というのは懲戒事由に比して重過ぎるため、**B効果裁量**に違反するおそれがある。ただし、停職6か月は内規（**③基準の設定**との関係では、処分基準に相当する）の範囲内ではないかと思われるかもしれない。また、設例における**④理由の提示**の水準は、判例法理に照らすと不十分である。これは第3章で説明する。

(4)　しかし、部下の叱り方マニュアルなどには、公衆の面前で叱ることは絶対にいけないなどと書いてあるから、Xも配慮の上ではなかろうか。

個別の事案を見れば厳格な手続的ルールに従うことで不都合な帰結が招来されたとしても、中長期的に見ると手続を遵守する方が実体的真実に近づく結果をもたらす(**(4)功利主義的な根拠付け**)。

適正な手続を踏むことの意義は、**(1)客観的真実の追求**、**(2)個人の尊厳**、**(3)社会全体の利益**、**(4)功利主義的な根拠付け**に求められる。これ以外にも、**(5)手続を遵守すること それ自体に独自の意義を見出す**考え方が存在する[5]。

---

(5)　長谷部恭男『憲法〔第 8 版〕』(新世社、2023年) 264頁以下。

4 憲法31条と行政手続

　適正手続の要請の根拠は、「何人も、法律の定める手続によらなければ、その生命若しくは自由を奪はれ、又はその他の刑罰を科せられない」と定める憲法31条に求められる。同条の文言上は、刑罰を科するための手続の適正を定めたものとするのが素直な解釈であり、実際に、これに続く条項においては、手続の適正が念入りに要請されている。すなわち、裁判官の発した令状なき逮捕の禁止（同法33条——「理由となつてゐる犯罪を明示する令状」）、正当な理由なき抑留・拘禁の禁止（同法34条）、裁判官の発した令状なき捜索・押収の禁止（同法35条１項——「正当な理由に基いて発せられ、且つ捜索する場所及び押収する物を明示する令状」）、拷問及び残虐刑の禁止（同法36条）、刑事被告人の公開裁判を受ける権利の保障（同法37条１項）、証人審問権の保障（同条２項）、弁護人依頼権（同条３項）、自白の強要の禁止・証拠能力の制限（同法38条）、遡及処罰の禁止・一事不再理（同法39条）である。以上に加えて、憲法31条は刑罰を科するための実体的な法内容の適正をも要求した規定である（罪刑法定主義）と理解されている[(6)]。

　適正手続の４原則と対応させると、①**告知と聴聞**は、令状によって被疑事実を明確に告知されていない状態では身柄拘束（憲法33条）、抑留・拘禁（同法34条）、捜索・押収（同法35条１項）を受けないという趣旨で理解される。公開裁判を経由せずに刑罰を科せられることはない（同法37条１項）という趣旨が含まれることはいうまでもない。②**文書の閲覧**は、証人審問権（同条２項）と深く関係する。（特に）相手方の証人に対して反対尋問を行う

---

(6)　憲法31条をめぐる学説史の分析・紹介として、君塚正臣『続 司法権・憲法訴訟論』（法律文化社、2023年）385頁。

ことで、虚偽の証言をしていないかチェックする機会を与えられることなくして有罪判決が下されることはあり得ない。証人についてすら反対尋問が保障されるのであるから、書証などの物証についてはなおさらである。

③基準の設定・公表は、「人を殺した」(刑法199条)とか「他人の財物を窃取した」(同法235条)というように、禁止の対象として法律に書き込まれた類型の行為(構成要件——先述した④要件と同じ)を行った者でなければ処罰されることはないという罪刑法定主義に対応する。最後の**④理由の提示**については、何のいわれもなく権利を制限されたり義務を課されたりすることはない——その最たるものが刑罰の賦課である——という原則である。憲法31条以下において「正当な理由」という言葉が頻出するように、理由の提示は適正手続にとって本質的な内容なのである。刑事手続においては、裁判官の発した令状に基づかなければ逮捕や捜索・押収などの強制処分を行うことは許されないのだが、裁判官の手で令状が発出されたという事実が、正当な理由の存在を担保しているといってもよいかもしれない。

こうしてみると、遠山の金さんなどは適正手続の原則から見ると滅茶苦茶であることが理解できる。犯罪の嫌疑をかけて下手人(げしゅにん)の取調べを行うのも町奉行所(警察)ならば、それを訴追するのも町奉行所(検察官)、そしてそれを裁くのも町奉行所(裁判所)の役割なのである(かっこ内は現代日本における役職)。犯行を否認すればお白洲の上のお奉行様が証人にまでなってしまう。松方弘樹に目を付けられれば最後、磔(はりつけ)・獄門(ごくもん)まで一直線の恐怖政治の構造である。あれは金さんが善人で聖人だから成り立つ仕組みなのであり、ひとたび私利私欲をむさぼる俗物が北町奉行の職に就いた日にはもう目も当てられない。

そして、刑事手続を念頭に置いて発展してきた適正手続の理念は、行政手続にも当てはまると考えられるようになった。最大判平成4年7月1日民集46巻5号437頁(成田新法判決)は、「憲法31条の定める法定手続の保障は、直接には刑事手続に関するものであるが、行政手続については、それが刑事手続ではないとの理由のみで、そのすべてが当然に同条による保

障の枠外にあると判断することは相当ではない」と述べて、行政手続においても、憲法31条の適正手続の保障が及び得るとした。ここでは、刑事手続の結果科せられる［刑罰］と、行政手続の結果下される［不利益処分］とが対応している。

　成田新法事件とは、「新東京国際空港（現在の名称は「成田国際空港」）の安全確保に関する緊急措置法」（昭和53年法律第42号——「成田新法」と通称される）3条1項が、規制区域内に所在する工作物の所有者等に対し、事前の告知と聴聞を行うことなく、運輸大臣（現在は「国土交通大臣」）に工作物使用禁止命令を発する権限を付与したことの合憲性が争われたというものである[7]。

○成田国際空港の安全確保に関する緊急措置法（昭和53年法律第42号）

（工作物の使用の禁止等）

第3条　国土交通大臣は、規制区域内に所在する建築物その他の工作物について、その工作物が次の各号に掲げる用に供され、又は供されるおそれがあると認めるときは、当該工作物の所有者、管理者又は占有者に対して、期限を付して、当該工作物をその用に供することを禁止することを命ずることができる。

　一　多数の暴力主義的破壊活動者の集合の用

　二　暴力主義的破壊活動等に使用され、又は使用されるおそれがあると認められる爆発物、火炎びん等の物の製造又は保管の場所の用

　三　成田国際空港又はその周辺における航空機の航行に対する暴力主義的破壊活動者による妨害の用

2～16　略

---

(7)　現在でも、成田新法8条によって行政手続法第3章の規定の適用は包括的に除外されているため、問題状況は異ならない。

「多数の暴力主義的破壊活動者」であるとか「爆発物、火炎びん等」といった言葉からも窺えるように、ずいぶん物々しい内容の法律であり、三里塚闘争が激化して収拾がつかなくなっていたという時代背景とともに理解する必要がある。さて、憲法31条から導かれる適正手続の保障が行政手続にも当てはまるとすれば、①**告知と聴聞**を経ずして工作物使用禁止命令という重大な不利益処分を発する権限を与えた成田新法3条1項は違憲・無効という結論になりそうなものであるが、最高裁はそのようには判断しなかった。先の引用箇所に続けて、最高裁は次のように述べる。

　「しかしながら、同条による保障が及ぶと解すべき場合であっても、一般に、行政手続は、刑事手続とその性質においておのずから差異があり、また、行政目的に応じて多種多様であるから、行政処分の相手方に事前の告知、弁解、防御の機会を与えるかどうかは、行政処分により制限を受ける権利利益の内容、性質、制限の程度、行政処分により達成しようとする公益の内容、程度、緊急性等を総合較量して決定されるべきものであって、常に必ずそのような機会を与えることを必要とするものではないと解するのが相当である。」

　行政手続の場合、刑事手続ほど告知と聴聞を例外なく厳格に要求するものではなく、その要否は、制限される相手方の権利利益の内容・性質、制限の程度や達成しようとする公益の内容・程度・緊急性等を総合較量して決せられるということで、比例原則に類似した判断枠組みが示されている。具体的な当てはめとしては、工作物使用禁止命令により制限される権利利益の内容・性質が、過激派の集合、爆発物等の製造・保管、航空機の航行の妨害といった態様による工作物の使用であるのに対して、右命令により達成しようとする公益の内容・程度・緊急性等は国家的・社会経済的・公益的・人道的見地から見て極めて強い上に高度かつ緊急の必要性を有するのであり、総合較量の見地からすれば、相手方に事前の告知と聴聞を保障していなくとも、憲法31条の法意に反するとはいえないとした。

　成田新法判決が下された平成4年は、国の行政手続法が制定に向けた大詰めを迎えていた時期でもあった（同判決の園部逸夫裁判官の補足意見参

照）。同法の施行に続いて、各自治体でも行政手続条例が整備されていった。こうした時期に、最高裁が行政手続についても憲法31条の保障の範囲に含まれると明言したことは、当該事案の具体的な結論はさておき、平成の時代が、行政手続法や情報公開法をはじめとする「行政通則法の時代」となる先鞭をつけたものであったといえよう[8]。

　次章以降では、行政手続の全体像について実務の視点から講じることにする。冒頭で述べたように、行政手続は、行政処分だけではなく、行政立法、行政計画、行政契約、行政指導など、行政のあらゆる活動に関係する。しかし、その中心を占めるのは、行政処分に関する事前手続であり、行政手続法でも多くの分量が割かれている。したがって、全体の半分を行政処分（第2章：申請に対する処分、第3章：不利益処分）に関する記述に充てる。行政指導は、それに従うか否かが相手方の任意にとどまるという性質上、法的な争いにはならないようにも思われるのだが、一筋縄ではいかないところがある（第4章）。行政立法については、意見公募手続（パブリック・コメント）という形で事前手続が定められるに至った（第5章）。行政計画、行政契約、事実行為については、個別法の中で事前手続が定められているにとどまり、通則法としての行政手続法には規定が置かれていない（第6章でまとめて取り扱う）。行政調査に関する事前手続については、紙数の関係上割愛する。

第1章　行政手続の意義
第2章　申請に対する処分（届出その他の問題を含む）
第3章　不利益処分
第4章　行政指導
第5章　意見公募手続（パブリック・コメント）
第6章　行政手続の将来

---

(8)　中川丈久「行政手続法の整備」（特集：平成時代における行政通則法の整備）行政法研究30号（2019年）3頁。

第2章

申請に対する処分

1 行政処分に関する前提

① 「申請に対する処分」と「不利益処分」

　第2章と第3章では、行政処分に関する事前手続について解説する。その前に、いくつかの前提について説明しておく。もっとも、前提について長々と説明されてもウンザリするだろうから、細々とした事項は最後に回すことにして、ここでは最小限の説明にとどめる。

　まず、行政処分は、「**申請に対する処分**」と「**不利益処分**」へと分類される。申請に対する処分とは、申請に対して行政庁が行う許可処分や不許可処分（拒否処分）のことである（行手法2条3号）。一般に許認可と称されるものが該当し、建築確認や生活保護開始決定なども含まれる**【タイプ1】**。

　これに対して不利益処分とは、行政庁が直接に国民の権利を制限し、又は義務を課す処分のことをいう（同条4号）。業務改善命令、営業停止命令、

■図表2-1　申請に対する処分と不利益処分の構造

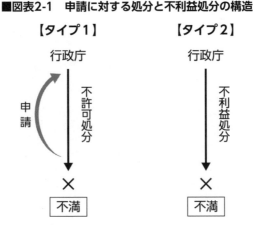

許可の取消処分、固定資産税の賦課決定などが該当する**【タイプ2】** [(1)]。

② 行政手続法／条例の使い分け

　次に、行政手続の根拠法令の使い分けについて確認する。行政処分に関しては、その根拠が法律に置かれている場合には、行政手続法の規律に従わなければならない。地方自治法上の行政財産目的外使用許可、生活保護法上の開始・変更・廃止決定、介護保険法上の要介護区分認定、食品衛生法上の飲食店営業許可、廃棄物処理法上の一般廃棄物収集・運搬・処分業許可、建築基準法上の建築確認・違反建築物に対する措置命令、都市計画法上の開発許可など、かなりの割合の行政処分は、その根拠が法律に置かれているので、行政手続法の規律に従うことになる。

　これに対して、その根拠が条例に置かれている場合には、各自治体の行政手続条例の規律に従う必要がある（行手法3条3項）。公民館や体育館など「公の施設」の設置・管理条例に基づく使用許可、情報公開条例に基づく公文書開示決定、屋外広告物条例に基づく表示等許可などが、これに該当する。

　どうしよう、今までそんなこと全く気にしていなかった……と愕然とするかもしれないが、安心されたい。行政処分に関する規律は、行政手続法と各自治体の行政手続条例とでほとんど差異はなく、日常業務ではそれほど気にしなくてもよいからである。嘘だと思ったら、巻末資料の神奈川県行政手続条例と行政手続法を見比べてみてほしい。したがって、以下の記述は、行政手続法を基に行う。

③ 一般法と特別法

　もう一点、行政手続法はあくまでも一般法（通則法）であるため、行政処

---

(1)　行政法で問題となる紛争類型には大きく4つのタイプがある。詳しくは、板垣勝彦『公務員をめざす人に贈る行政法教科書〔第2版〕』（法律文化社、2023年）。

分の根拠法規の方に特則がある場合には、特則の定めが優先される。「一般法よりも特別法が優先される」という法原則のとおりである。こうした特則は、不利益処分によく見られる。前述した成田新法3条1項の工作物使用禁止命令のように、行政手続法第3章の規定の適用を全て除外している場合もあるが、大抵の場合は、処分基準の設定・公表（行手法12条）と理由の提示（同法14条）については適用することにして、告知と聴聞に関する特則を置いている。たとえば、違反建築物に対する措置命令（建築基準法9条1項）については、意見書の提出の機会の付与又は公開による意見の聴取を行うことが義務付けられている（同条2項以下）。こうした特則については、折に触れて言及する。

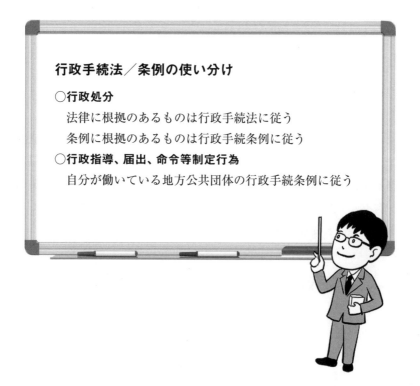

行政手続法／条例の使い分け

○行政処分
　法律に根拠のあるものは行政手続法に従う
　条例に根拠のあるものは行政手続条例に従う
○行政指導、届出、命令等制定行為
　自分が働いている地方公共団体の行政手続条例に従う

2 申請に対する処分と事前手続

　「**申請**」とは、国民が行政庁に対して許可、認可、免許その他の自己に対して何らかの利益を付与する処分（許認可処分等）を求める行為のことを指す（行手法2条3号）。営業許可の申請を思い浮かべればよい。申請に対して、行政庁の応答が不要な「届出」という行為がある（同条7号）（→66頁）。

　行政庁には、申請に対して応答する義務がある（行手法2条3号）。したがって、申請が事務所に到達したときは、遅滞なく審査を開始した上で（同法7条）、しかるべき期間内に応答としての許可処分又は不許可処分（拒否処分）を行わなければならない（→69頁）。

　申請に対する処分において求められる事前手続は、**審査基準の設定・公表**と**理由の提示**に尽きるといってよい。審査基準とは、「申請により求められた許認可等をするかどうかをその法令の定めに従って判断するために必要とされる基準」をいう（行手法2条8号ロ）。行政庁は、審査基準を設定し、これを公表する義務を負う（同法5条1項・3項）。審査基準は、許認可等の性質に照らしてできる限り具体的に定めなければならない（同条2項）。

　理由の提示というのは、申請に対して許認可等を拒否する処分をする場合には、申請者に対し、処分と同時に、その理由を示さなければならないという規律である（行手法8条1項）。処分を書面でするときには理由も書面で示さなければならないのだが（同条2項）、そもそも口頭のみで処分を行うことなど現実にはないので、「処分内容・理由とも書面で示す」と覚えておくことを勧めたい。

　この他にも、標準処理期間（行手法6条）、情報提供（同法9条）、公聴会（同法10条）などの定めがあるが、審査基準と理由の提示にポイントを絞るのが理解の早道である。

3 個人タクシー判決

① 道路運送法6条1項

　審査基準の設定に大きな影響を与えたのが、個人タクシー事件における最判昭和46年10月28日民集25巻7号1037頁である。行政手続といえば一にも二にも個人タクシー判決であり、審査基準にとどまらず、理由の提示、さらには適正手続の意義についても示唆するところの大きい重要判決なので、詳細に分析してみたい。

　この事件で争われたのは、運輸大臣から免許の権限を委任された東京陸運局長（Y）がXに対して行った一人一車制の一般乗用旅客自動車運送事業（道路運送法3条2項3号——以下、道路運送法の条文は事件当時のもの）の免許、要するに個人タクシーの事業免許の申請却下処分であった。事件が起きた昭和34年は、初めて個人タクシー免許が認められた時期であり、6,630件の免許申請に対して、第一次分の免許が173名（優マーク、経験年数10年以上、年令40才以上の基準を充たす者）、第二次分の免許が611名という、かなりの狭き門であったことが分かる。Xによる免許申請が受理されたのは昭和34年8月6日であり、翌昭和35年7月2日付けで却下処分（以下では「本件却下処分」とすることがある）が下された。申請却下処分に付された理由は、免許基準について定めた道路運送法6条1項3号・4号・5号に該当しないという、実に簡単な理由であった。

┄┄┄┄┄┄┄┄┄┄┄┄┄┄┄┄┄┄┄┄┄┄┄┄┄┄┄┄┄┄┄┄
　○道路運送法（昭和26年法律第183号）
　　（免許基準）
　第6条　運輸大臣は、一般自動車運送事業の免許をしようとするときは、左
┄┄┄┄┄┄┄┄┄┄┄┄┄┄┄┄┄┄┄┄┄┄┄┄┄┄┄┄┄┄┄┄

の基準に適合するかどうかを審査して、これをしなければならない。

一　当該事業の開始が輸送需要に対し適切なものであること。

二　当該事業の開始によつて当該路線又は事業区域に係る供給輸送力が輸
　　送需要量に対し不均衡とならないものであること。

三　当該事業の遂行上適切な計画を有するものであること。

四　当該事業を自ら適確に遂行するに足る能力を有するものであること。

五　その他当該事業の開始が公益上必要であり、且つ、適切なものである
　　こと。

2・3　略

　道路運送法6条1項を一読すると、ずいぶん抽象的な基準に感じられる。
そして、同項1号・2号については、1人や2人が個人タクシー事業を始
める程度で左右されるような要素ではないので、個々の申請については、
同項3号・4号・5号に該当するか否かが判断の分かれ目となることは見
やすい。そうはいっても、「適切な計画」、「適確に遂行するに足る能力」、「公
益上必要であり、且つ、適切なものである」というのでは、何を基準に考え
ればよいのか分からない。

② 東京陸運局内の審査基準

　そこで申請の当否を判断するために用いられたのが、以下のような審査
基準であった。正確にいうと、東京陸運局長が申請者に対して一般自動車
運送事業免許を付与するか否かを判断するに当たり、申請者の事業（当該
事業）が道路運送法6条1項各号の要件に適合するかどうかを判断するた
めの基準ということである。同項各号の要件は、「適切な計画」、「適確に遂
行するに足る能力」、「公益上必要であり、且つ、適切なものである」という
ように幅がある定め方をしているから、「適切」ないし「適確」であるか否
かの認定は、東京陸運局長の裁量に委ねられている（裁量を働かせる際に用
いられる基準であることから、審査基準のことを裁量基準と呼ぶことがある）。

以下は実際に用いられた審査基準なので生々しい記述も多いが、そもそも東京陸運局内部限りで用いられた基準であり、一般に公表されることを前提としていないため、記述が生々しいのは致し方ない[2]。ただそれだけに、審査基準の内容について端的に理解するためには格好の素材なので、ざっと目を通していただきたい。

① 免許証による第二種の運転免許の所有者であること、その取得年月日、住所、特別区内であること、処分などの有無の確認

② 優良運転者、無事故、優良表彰の有無等

③ 最近3年間における責任交通事故による処分、1回2,000円以下の処分が2回以内のものであること、交通関係法令違反による処分

④ 年齢35歳以上

⑤ 現住所、在住年数、自家、借家、特別区内2年以上居住するものであること

⑥ 家族、扶養、他業関係同居家族のある者、本人が他業を自営している場合には転業困難なものでないこと

⑦ 職歴　現職・勤務先、月収、在職年数、ハイタク歴、運転歴・運転歴が7年以上の者であること

⑧ 事業区域の適否　特別区のみの申請であること

⑨ 営業所　特別区内に位置して自宅と2キロメートル以内の位置にあること　位置、所有権、距離、確保の見とおし

⑩ 車庫、位置、構造、収容能力、営業所・住所との距離・立地条件・確保の見とおし

⑪ 車輌、車名・年代、新古別

---

(2) 当該事件の第1審裁判官であった濱秀和氏によると、裁判所が東京陸運局に対し再三の釈明を行って審査基準が明らかにされたとのことである。濱秀和『行政訴訟の回顧と展望』（信山社、2014年）45頁。

⑫　所要資金、内訳と調達方法

⑬　資金調達、30万円以上の確保が可能であること　確保の可否

⑭　収支計画、収入、支出、勤務時間、走行粁、保険、適切性

⑮　資産目録、確実性・真実性

⑯　健康状況　普通の健康とみなされる者であること

⑰　その他、計画の適切性、計画面又は申請書がずさん、あるいは故意のない、
　ごまかしがないものであること　申請書の適否、刑罰関係その他

　タクシー運転なので、項目①の二種免許保持は必須であろう。また、個人タクシーが創設された背景には「神風タクシー」と呼ばれる乱暴運転に対処する社会的要請が高まっており、項目②の優良運転者、無事故、優良表彰の有無等であるとか、項目③の最近３年間の交通関係法令違反件数なども、納得の項目であることと思われる。おおむね、個人タクシー免許の付与に際して必要であると思われる項目が並んでいるとみてよい。

　さらに、道路運送法122条の２に基づき、約20名の担当官が手分けして、申請者に対する聴聞が行われている。ここでいう「聴聞」とは、現在の行政手続法15条以下の聴聞（→第３章91頁）とは異なり、申請者の詳細な事情に関する聴取り調査ぐらいの意味で理解されたい。Ｘに対しても、昭和35年２月11日に聴聞が実施されている。

○道路運送法（昭和26年法律第183号）

（聴聞）

第122条の２　陸運局長は、その権限に属する左に掲げる事項について、必要があると認めるときは、利害関係人又は参考人の出頭を求めて聴聞することができる。

　一　自動車運送事業の免許

　二・三　略

２　陸運局長は、その権限に属する前項各号に掲げる事項について利害関係

人の申請があつたとき、又は運輸大臣の権限に属する前項各号に掲げる事
　項について運輸大臣の指示があつたときは、利害関係人又は参考人の出頭
　を求めて聴聞しなければならない。
3　前二項の聴聞に際しては、利害関係人に対し、意見を述べ、及び証拠を
　提出する機会が与えられなければならない。
4　第一項及び第二項の聴聞に関し必要な事項は、運輸省令で定める。

　しかし、聴聞まで行ったにもかかわらず、本件却下処分の時点でXに知
らされたのは、道路運送法6条1項3号・4号・5号に該当しないという
素っ気ない理由のみであった。これでは、Xも、なぜ自分の申請が通らな
かったのか、納得するには程遠い（このことが、理由の提示の意義へと繋がる）。
Xが本件却下処分の取消訴訟を提起して争ったことで、ようやく申請が却
下された詳細な理由が明らかとなった。それは、項目⑥の「本人が他業を
自営している場合には転業困難なものでないこと」及び項目⑦の「運転歴
7年以上の者」に該当しないと認められるからというものであった。
　項目⑥⑦については、やや引っかかると思われるので、東京陸運局長の主
張から、その趣旨を探ってみたい。項目⑥の転業困難性というのは、「本人
が他業を自営し転業が困難である場合には、個人タクシーの事業に専念で
きないこととなり、個人タクシーを専業とする場合に比して適格性が劣る」
とのことであり、項目⑦の運転歴は、「元来、個人タクシーの免許は、長年
自動車の運転に従事して来た運転者に希望を与える趣旨から出たもので、
運転者が同時に経営者を兼ねることの利点が考慮されたことによるもので
あるから、この趣旨からすれば、相当の年令のもの（項目④）であるととも
に運転歴が長く運転経験の豊富であることが望ましい」とのことである。
　本件についてみると、Xは申請当時洋品店を経営しており、個人タクシー
事業への転業は困難であると判断されたことで、項目⑥を充たさず、運転
歴は7年に満たなかったとのことで、項目⑦にも該当しないというのが、
申請が却下された詳細な理由であった。

ところが、この理由はXにとって承服できるものではなかった。というのも、確かにXは洋品店を経営していたが、個人タクシー事業の免許が付与された暁には、洋品店を畳んで個人タクシー事業に専念する意思を有していた。また、Xは軍隊で運転経験を有しており、その経験を加味すれば、運転歴は十分といえるものであったというのである。

③ 担当聴聞官は審査基準の存在すら知らなかった

　ここで、事件の経緯について疑問を持たれた方も少なくないことと思われる。なぜ、わざわざXに対して聴聞手続まで執られたのに、免許の審査においては、少し訊けば明らかになるはずの、項目⑥⑦に関するXの個別事情が考慮に入れられなかったのだろうか？

　実は、先に掲げた審査基準は、東京陸運局の担当課長はじめ約10名の係長の協議によって作成されたものなのだが、約20名の聴聞担当官の全員がその存在・内容を知っていたわけではなかった。裁判所の認定によると、「聴聞担当官のうち前記基準の協議に関与した7、8名の係長以外のものは、Xの担当官をも含め、……基準事項の存在すら知らず、聴聞開始前に上司から聴聞書の項目および聴聞内容について説明をうけただけで、右基準事項については何らこれを知らされることなく、Xの聴聞担当官にあつても、Xの申請の却下事由となつた他業関係（転業の難易）および運転歴（軍隊における運転経験をも含む）に関しても格別の指示はなされ［なかった］」というのである。これでは、担当官からみたとき、「Xが洋品店を廃業してタクシー事業に専念する意思があるかどうか、軍隊における運転経験があるかどうか等の点について思いいたらず、これらの点を判断するについて必要な事実については何ら聴聞が行われなかつた」としてもやむを得ない。せっかく申請者本人に対して聴聞手続が執られているのに、担当官が審査基準の存在自体を知らされていないのであるから、ましてや内容については知り得るはずもなく、Xに対し、項目⑥の転業困難性や項目⑦の運転歴について突っ込んだ事情聴取をしてくれといっても無理な話であろう。

④ 最高裁判決

　東京陸運局内では審査基準が設定されていたにもかかわらず、聴聞担当官の全員がその内容を充分に知っていたわけではなく、Xの担当官に至ってはその存在すら知らなかった。こうした事情が、最高裁のあまりにも有名な以下の判示に繋がる。

　「道路運送法においては、個人タクシー事業の免許申請の許否を決する手続について、同法122条の２の聴聞の規定のほか、とくに、審査、判定の手続、方法等に関する明文規定は存しない。しかし、同法による個人タクシー事業の免許の許否は個人の職業選択の自由にかかわりを有するものであり、このことと同法６条および前記122条の２の規定等とを併せ考えれば、本件におけるように、多数の者のうちから少数特定の者を、具体的個別的事実関係に基づき選択して免許の許否を決しようとする行政庁としては、事実の認定につき行政庁の独断を疑うことが客観的にもっとも認められるような不公正な手続をとつてはならないものと解せられる。すなわち、右６条は抽象的な免許基準を定めているにすぎないのであるから、内部的にせよ、さらに、その趣旨を具体化した審査基準を設定し、これを公正かつ合理的に適用すべく、とくに、右基準の内容が微妙、高度の認定を要するようなものである等の場合には、右基準を適用するうえで必要とされる事項について、申請人に対し、その主張と証拠の提出の機会を与えなければならないというべきである。免許の申請人はこのような公正な手続によつて免許の許否につき判定を受くべき法的利益を有するものと解すべく、これに反する審査手続によつて免許の申請の却下処分がされたときは、右利益を侵害するものとして、右処分の違法事由となるものというべきである。」

　「Xの免許申請の却下事由となつた他業関係および運転歴に関する具体的審査基準は、免許の許否を決するにつき重要であるか、または微妙な認定を要するもののであるのみならず、申請人であるX自身について存する事情、その財産等に直接関係のあるものであるから、とくに申請の却下処分をする場合には、右基準の適用上必要とされる事項については、聴聞その他適切な方法によつて、申請人に

対しその主張と証拠の提出の機会を与えなければならないものと認むべきところ、Xに対する聴聞担当官は、Xの転業の意思その他転業を困難ならしめるような事情および運転歴中に含まるべき軍隊における運転経歴に関してはXに聴聞しなかつたというのであり、これらの点に関する事実を聴聞し、Xにこれに対する主張と証拠の提出の機会を与えその結果をしんしやくしたとすれば、Yがさきにした判断と異なる判断に到達する可能性がなかつたとはいえないであろうから、右のような審査手続は、前記説示に照らせば、かしあるものというべく、したがつて、この手続によつてされた本件却下処分は違法たるを免れない。」

　要約すると、(1)道路運送法6条のように抽象的な免許基準を定めているにすぎない場合、内部的にせよその趣旨を具体化した審査基準を設定し、これを公正かつ具体的に適用しなければならない。(2)審査基準の内容が微妙、高度の認定を要する等の場合には、申請人に対し、基準を適用する上で必要な事項に関する主張と証拠の提出の機会を与えなければならない。(3)申請者の「公正な手続によつて免許の許否につき判定を受くべき法的利益」が侵害されたような場合には、処分自体が違法となり取り消される、ということである。

　Xは、確かに現在洋品店を経営しているけれども、個人タクシー事業免許を取得した暁には個人タクシーへと転業する意思が固いこと、平時の運転歴は7年に満たないが、軍隊での経験を加味すれば運転経歴・技能には遜色ないことを担当官に聴いてもらった上で、その主張が受け入れられるかはともかく、申請の当否を行政庁の判断に委ねる法的利益を有している。そうした利益が侵害されたといえる以上、処分を取り消してもう一度審査をやり直さなければいけないというのが、最高裁の結論である。

　個人タクシー判決は、昭和40年代という極めて早い時期に適正手続について先駆的な判断を示した判決として、現在でもその評価は高い[3]。そし

---

(3)　阿部泰隆『行政法再入門（上）〔第2版〕』（信山社、2016年）266頁は、極めて抽象的な道路運送法6条1項の条文から、審査基準の設定とその適用における申請者の主張立証の機会の

て、判示(2)をさらに推し進めたのが20年後に制定された行政手続法5条であり、このとき、個人タクシー判決では行政内部で設定・運用することが求められていた審査基準について、外部への公表まで義務付けられることとなったのである。

確保という大きな法創造を行ったものであると評価する。

4 審査基準の機能

① 申請者からの視点

　行政手続法5条は、申請に対する処分を行う場合、前もって行政庁に審査基準を設定・公表するよう義務付けた。続いては、**審査基準**の機能について、申請者からの視点と行政庁からの視点に分けてみていくことにする。

　まず、申請者からの視点で挙げられるのは、①**予測可能性の保障**と②**行政庁の恣意的判断の抑制**という機能である。①予測可能性というのは、「今後の見通しが利くこと」ぐらいに理解するとよい。つまり、いつまでに何をどの程度まで準備すれば、自分の望む成果を得られるか、今後の見通しが利くということである。個人タクシー事業の免許の例でいうと、勤勉な申請者であれば、先述の審査基準が設定・公表されていたならば、二種免許を取得しておく（項目①）、交通違反に気を付ける（項目②③）、特別区内に引っ越す（項目⑤）、30万円の資金を用意しておく（項目⑬）といった、自分でできる範囲の準備を念入りに行うはずである。全般的に法律というのは念入りに準備を行う人間が得をするようにできていることは、頭に入れておこう。

　難しいことをいえば、予測可能性の保障というのは、およそ法律の存在意義ともかかわる要素である。申請に対する処分の場合、自分は何をすれば望む成果が得られるのか、そのための見通しを示すことが審査基準の役割となる。ポジティブな予測可能性と言い換えてもよい。これに対して、不利益処分の場合は全く逆で、自分は何をしないように気を付ければ不利益的な措置を受けずに済むのかという見通しを示すことが、処分基準の役割となる。刑法における犯罪行為のリストと同じ、ネガティブな予測可能

性であって、基準は明確に示されている必要がある。「王様の機嫌を損ねてはならない」などという予測不可能な基準では、家来たちはいつ地雷を踏むか、安心して夜も眠れないだろう。裏を返せば、現代社会とは、明確に位置・座標が示されている地雷を踏まないようにさえ気を付ければ、あとは何をしても自由な世の中なのである。法律の役割は、自由主義に立脚した活動（特に政治・経済活動）を根底で保障することにある。

ただし、予測可能性の重要性を強調すると、鋭い読者は、「そんなに大事ならば、国会で議論した法律のレベルで審査基準に関する事項を書き込むべきであって、現場の行政庁に作成させた"現場の基準"に頼るのは良くないのではないか？」という疑問が湧くことだろう。ここは匙加減が難しいところで、法律は一旦制定すると改正するのに大変な手間がかかる。他方で、審査基準や処分基準は行政限りで作成するので、（近年は意見公募手続を要するためにそこまで簡単ではないが）法律よりは機動的に変更することができる。したがって、大枠は道路運送法6条1項のように法律で定めておいて、細目的な事項、実情を踏まえて柔軟に改正することが求められる事項については、審査基準や処分基準に委ねているということである[4]。

次に、②行政庁の恣意的判断の抑制というのは、行政庁自身が今後はこの審査基準を用いて申請の当否を審査するぞということを天下に示したのであるから、よほどの事情がない限り（ただし、個別事情の考慮という難しい問題がある→41頁）、審査基準から外れた運用は行わないということである。

ここでは、申請の前段階であらかじめ基準が設定されていることがポイントとなる。事前に基準が設定されている状態で申請し審査が行われるのと、申請がなされた後に一から基準を立てて審査が行われるのとでは、申請者からみた信用は段違いである。申請がなされた後に基準を立てるとな

---

(4) この事理は、審査基準や処分基準だけではなく、政令や省令といった行政限りで制定される法規範一般に当てはまる。そして、行政手続法はこうした法規範を「命令等」と名付け、意見公募手続によって制定することを義務付けた（行手法2条8号・38条以下）。板垣・前掲注(1)58頁以下。詳細は第5章で説明する。

ると、どうしても既に行われた特定の申請を通しやすく（にくく）する恣意的な基準設定がなされたのではないかという疑いを免れ得ない。最高裁が表現する、「行政庁の独断を疑うことが客観的にもっともと認められるような不公正な手続」というのは、そういった懸念を指す。

　申請者からみれば、適正な内容の審査基準に沿った審査を行うという意味での公明正大な審査のプロセスを踏むことが約束されているわけで、**行政の透明性の確保**などと表現されることもある。「透明性」とは、「行政上の意思決定について、その内容及び過程が国民にとって明らかであること」（行手法１条１項）をいう。個人タクシー事業の免許に運転歴７年が必要だというのは、裏を返せば７年の運転歴があれば一応条件は充たすという趣旨であり、突然ハードルを運転歴10年へと引き上げたりはしないという一種の約束が交わされているのである。行政からみたとき、自身が用いる審査基準を事前に示すことで、その審査基準を用いるよう約束させられる事象のことを、行政の自己拘束という。

　それにしても、大学で学部・学科の新設やカリキュラムの変更などに接すると、某省庁の担当官が交代するたびに求められる要件が変わるそうで、学部・学科長が溜息をつく光景はざらである。10年ほど前、お騒がせの大臣が、「大学の数が多すぎる」として大学新設の審査基準を（申請後に！）改定すると発言して騒ぎになったこともあるが、行政手続法を知らないのだろう。ともかく、申請者からみると、①予測可能性の保障と②行政庁の恣意的判断の抑制が審査基準の重要な機能として挙げられる。

② 行政庁からの視点

　行政手続法は国民目線の法律であるので、あまり語られることはないが、行政庁の視点でみても、事前に基準を設定・公表しておくことの利点は数多い。まずは、③箸にも棒にも掛からないような申請をあらかじめ 篩 にかけることができるという点は、実務的には間違いなく大きなメリットであろう（スクリーニング機能）。昭和34年の個人タクシー事業の免許申請が6,000

件以上あったということだが、事前に先の審査基準を公表しておけば、二種免許の保持とか、無事故・無違反とか、年齢35歳以上といった要件に該当しない者は最初から応募してこなかったと思われる。殿様が「腕に覚えのある者は集え」と号令をかければ近所の熊さん八つぁんでもその気になるが、具体的に武術の段位が必要だとか、握力、背筋力が何キログラム以上でなければいけないとか募集要項を定めておけば、常識的な数まで応募を絞ることができるのである。

　実務的には、開発許可のような複雑な案件についていきなり申請書が窓口に出されるようなことはなく、準備段階から、申請（予定）者と窓口担当者との間で何回もやり取りが行われることが通常であろう。行政指導の一種であるが（助言的指導→第4章131頁）、こうしたやり取りをスムーズに進める際も、事前に設定・公表された審査基準の存在は大きい。

　次に、②行政庁の恣意的判断の抑制と裏表の関係なのだが、担当職員からしてみれば、④先例・類例や他の担当職員とバランスのとれた運用を行うことができるという点が、何よりのメリットである。正常な感覚の自治体職員であれば、最も気を付けるのは、前任の担当者や現在の同僚と比べて自分の審査が厳しすぎないか、あるいは緩すぎないかということであろう。また、支所や出張所など、複数の区域で分担して審査を行っている場合にも同じことがいえる。この意味でも、個人タクシー事件において約20人の聴聞担当官の間に審査基準の存在・内容を周知していなかったことは残念というほかない。

　さらには、後で説明する理由の提示との関係で、⑤審査基準の項目に沿った内容の説明をすることで、理由の提示が格段にやりやすくなるというのも、絶大なメリットである。たとえば、交通違反が多い申請者に対しては、項目③の「最近3年間における責任交通事故による処分、1回2,000円以下の処分が2回以内のものであること」を超えているから申請却下なのですと説明すればそれだけで済む。むろん、審査基準のいずれの項目に該当する（しない）ために申請が拒否されたのか、申請者にとって付された理由の

文言のみから読み取ることができるように説明しなければならないのだが（医師国家試験事件：東京高判平成13年6月14日判時1757号51頁）、設定・公表される審査基準の内容は詳細であるほど、理由の提示の仕方は簡単になる（→63頁）。

③ 良いことずくめの審査基準

このように、審査基準を設定・公表することは、申請者にとっては、①予測可能性が保障されるとともに②行政庁の恣意的判断の抑制という機能があり、行政庁にとっても、③申請を事前に篩にかけることができる（スクリーニング機能）、④先例・類例などとバランスのとれた運用が可能になる（運用上の公正・公平の確保）、⑤理由の提示が格段にしやすくなる（説明責任のアシスト）といったメリットがある。反対に、大抵の物事には光と影があるにもかかわらず、審査基準を事前に設定・公表することのデメリットというのは、いくら考えても思い付かないのである。強いて挙げるとするならば、基準を設定する手間がかかることぐらいであろうか。しかし、審査基準の設定・公表には、その手間を遥かに上回る機能（効能といってもよい）が認められるのである。

審査基準の内容的正しさ、「二段構え」の審査、個別事情の考慮

① 行政の自己拘束（補足）

引き続き、審査基準の応用的なテーマについて説明していくが、「**行政の自己拘束**」について少し補足する。かつて最高裁は、外国人の在留更新不許可処分について争われたマクリーン事件において、「行政庁がその裁量に任された事項について裁量権行使の準則を定めることがあつても、このような準則は、本来、行政庁の処分の妥当性を確保するためのものなのであるから、処分が右準則に違背して行われたとしても、原則として当不当の問題を生ずるにとどまり、当然に違法となるものではない」と述べた（最大判昭和53年10月4日民集32巻7号1223頁）。要は、行政庁が自分で設定した審査基準に従わないことがあったとしても、そのようにして行われた処分が当然に違法となるわけではないという趣旨である。しかし、こうした思考はその後改められており、現在では、裁判所も、特段の事情がない限り、行政庁には、申請に対して自ら設定した審査基準に沿って審理・判断を行う——自己が設定した審査基準の内容に拘束される——ことを求めていると考えられている。その趣旨は、やはり申請者にとっての予測可能性の保障に帰着する。申請者としては、審査基準の内容を信頼し、それに沿って申請が通るように十分な準備を重ねてきたのに、行政庁が「ハシゴを外す」ような振舞いをするのはやはり適切ではないということである。ただし、古い実務解説書などでは、マクリーン判決に沿った説明がなされている場合があるので、注意していただきたい。

② 審査基準の内容的正しさと「二段構え」の審査

　行政の透明性の確保については、前述したように、「適正な内容の審査基準に沿った審査を行う」という意味での公明正大な審査のプロセスを踏むことが申請者にとって約束されている。持って回ったように、「適正な内容の」審査基準としたのは、言うまでもなく、審査基準の内容が適正であることは全ての前提だからである。

　この点、裁判所は、行政庁の裁量判断が適切妥当であるか（裁量権を逸脱・濫用していないか）を判断するに当たり、審査基準を手がかりとした「二段構え」の審理を行っている[5]。それが、伊方原発訴訟の最判平成4年10月29日民集46巻7号1174頁における以下の判示である。少し文章が長いのだが、該当箇所を引用する。

　「原子炉施設の安全性に関する判断の適否が争われる原子炉設置許可処分の取消訴訟における裁判所の審理、判断は、原子力委員会若しくは原子炉安全専門審査会の専門技術的な調査審議及び判断を基にしてされた被告行政庁の判断に不合理な点があるか否かという観点から行われるべきであって、現在の科学技術水準に照らし、①右調査審議において用いられた具体的審査基準に不合理な点があり、あるいは②当該原子炉施設が右の具体的審査基準に適合するとした原子力委員会若しくは原子炉安全専門審査会の調査審議及び判断の過程に看過し難い過誤、欠落があり、被告行政庁の判断がこれに依拠してされたと認められる場合には、被告行政庁の右判断に不合理な点があるものとして、右判断に基づく原子炉設置許可処分は違法と解すべきである。」

　要約すると、行政庁の判断の適否に対する裁判所の審理・判断は、①用いられた審査基準に不合理な点があるか否か、②当該事案の具体的事情を審査基準に適合するとした判断過程に看過し難い過誤、欠落があるか否かに着目して行われるということである。そして、①②のいずれかが不適切

---

(5)　詳しくは、高橋正人『行政裁量と内部規範』（晃洋書房、2021年）77頁以下。

であれば、処分は違法なものとして取り消される。一言でいえば、行政処分の適否は、①**審査基準の内容の合理性（正しさ）**と、②**当該事案を審査基準に当てはめる仕方の合理性**の二段構えで審理・判断されるものと理解すればよい。

　大抵の場合、個人タクシー事件における陸運局長の審査基準を読み返してもらえば分かるように、①のレベルの問題が提起されることはない。二種免許の保有（項目①）、優良運転者・無事故・優良表彰（項目②）、交通事故・違反の有無（項目③）などは、個人タクシー免許を付与される者にとって当然に求められるべき常識的な要件といえよう。ただし、年齢35歳以上（項目④）、同居家族のある者（項目⑥）などというのは、昭和34年当時としては適切な審査基準の項目であったかもしれないが、現在の感覚では少しハードルが高いか、あるいは不要なハードルであるように感じられる（近年は、高齢化による人手不足で、年齢上限について議論されている）。審査基準は、許認可の特質に照らした上で、社会通念の変化や技術の進歩などに応じて、不断の見直し、アップデートが求められていくものなのである。

　多くの場合、激しい争いになるのは、②のレベルの話である。実際、個人タクシー事件における主要な争点の１つは、Xが、「本人が他業を自営している場合には転業困難なものではないこと」（項目⑥）という要件への該当性を巡り、聴聞において適切な主張の機会が保障されたといえるかであった。すなわち、転業の容易さという基準自体は正当であることを前提として（①のレベル）、申請当時洋品店を経営していたXが当該基準を充足するかが争点となったのである（②のレベル）。これに対して、「運転歴が７年以上の者であること」（項目⑦）については、やはりその基準自体の内容的な正当性については争わず（①のレベル）、Xは軍隊で運転経験を有していたのだから実質的に基準を充たしていたはずであったのに（②のレベル）、やはり聴聞において主張する機会が設けられなかったことが問題とされた。しかし、Xの争い方としては、そもそも論として、「個人タクシーを営むに際して７年以上の運転歴は不要である」（①のレベル）という主張を展開す

る戦略もあり得たことは理解できよう。

③ 個別事情の考慮

　実務的に難しい判断を迫られるのは、マニュアルとしての審査基準をそのまま適用したのでは妥当を欠く帰結となるような局面である。個人タクシー事件でも、「運転歴が7年以上」と数値を明示してしまったがゆえに、Xの軍隊における運転歴を加味しても良いか否かといった論点が生まれたことを想起されたい。数値を明示することは、実務の現場にとっては曖昧さを排した明確な判断が可能となるメリットがある反面、個別事情に柔軟な対応をすることが難しくなるデメリットとも裏腹である。そのため、通常は、「運転歴が7年以上又はこれと同等の技能・経験を有する者」などと含みを持たせた規定にすることが多い。何をもって運転歴7年と「同等の技能・経験」と認定できるかについては、現場の裁量（要件裁量）に任される。

　しかし、要件の柔軟な解釈によって対応できる場合ばかりであるとは限らない。場合によっては、審査基準に明示された要件をそのまま当てはめたのでは適当ではない局面が現れることもある。筆者が良く用いる「木製のまな板」の例で説明しよう[6]。食品衛生法54条では、飲食店の営業許可について基準を定めるよう求めているところ、具体的な審査基準の中に、以下のような項目が入っていることがある。

○　冷蔵庫・冷凍庫は、食品の取扱量に応じた充分な大きさのものであること。

○　包丁は、食品の調理の段階に応じた専用のものであること。

○　生食用の食品を扱うまな板は、合成ゴム製又は合成樹脂製のものであること。

<hr>

(6)　板垣勝彦『公務員をめざす人に贈る行政法教科書〔第2版〕』（法律文化社、2023年）26頁。

冷蔵庫・冷凍庫のことや、包丁のことなどは、「充分な大きさ」とか「段階に応じた専用のもの」といった幅のある定め方をしているから、特に問題は生じないと思われる。考えてもらいたいのは、まな板の素材を「合成ゴム製又は合成樹脂製のもの」と指定していることについてである。生食用の食品を扱うまな板の材質を問題にするのは、言うまでもなく、細菌などの繁殖を防ぐためであり、その内容的な正しさも疑いがないと思われる（①のレベル）。したがって、ほとんどの場合、木製のまな板を用いるとする営業許可の申請に対しては、不許可処分を下すほかない。

　しかし、どうしても木製のまな板を用いることにこだわりのある申請者がいて、衛生のことが気になるならば、調理のたびごとに新品に差し替えるから、木製のまな板を使わせてほしいと申請してきたような場合、保健所の担当者としてはどのように応答すべきであろうか。マニュアルを墨守し、合成ゴム製又は合成樹脂製以外のまな板は認められませんと言って不許可処分を下すべきなのだろうか。

　まな板の材質が指定されている趣旨に立ち戻って考えれば、おそらくこの問題の正解は、営業許可を与えることであろう（杓子定規に審査基準を適用して営業許可を拒絶したりしたら、融通の利かないマニュアル行政として、メディアの格好の餌食である）。問題は、それを手続的にどのように説明するかである。法的なプロセスとしては、当該事案に限っては審査基準を適用せず、「事案の個別事情に応じた適切な判断を行った結果」、衛生上支障がないものとして、営業許可を与えたと説明することになる。現場の担当者として勇気が要るのは、当該事案に限っては審査基準を適用しないとする決断を行うことである。

　マニュアルを外すことは非常に勇気が要るのだが、マニュアルが設けられている本来の趣旨は、行政庁が裁量判断を行うための手助けをするためであったはずである。したがって、個別事情に鑑みて当該マニュアルを杓子定規に適用することが必ずしも適切妥当ではない局面においては、マニュアルを外すことが容認されるばかりか、むしろ要請されることもあり

得る。先ほど、特段の事情がない限り、行政庁は、申請に対して自ら設定した審査基準に沿って審理・判断を行うことが求められると述べたが、木製のまな板の事例こそ、まさに「特段の事情」が認められる局面なのである。

　話が脇道に逸れるけれども、自治体職員相手に法律の研修を行うと、求められる「需要」と、実際に自治体職員に足りない「知識・技能」のズレを感じることが少なくない。研修の実施主体からは、法制執務の細かい知識であるとか、法的三段論法のような目に見えるテクニックを重点的に教えてほしいと要請されるのに対して、筆者が実際に受講者と双方向の質疑応答を通じて感じるのは、小手先の知識やテクニックよりも、**「説明力」**の不足であることが圧倒的なのである[(7)]。この文脈における「説明力」とは、「なぜ木製のまな板を用いているのに、あいつの申請を通すのだ」とか、「なぜ今回の事例では審査基準を用いないのだ」という当事者以外の第三者から寄せられる不平・不満に対して、分かりやすく説明を行う能力のことを指す。「説明力」は、分かりやすい日本語で相手にも理解できるように言葉を尽くして伝えようとする姿勢さえあれば誰にでも努力の積み重ねにより会得できる力であって、何ら特殊な秘伝のようなものではない。

　法律をあまり知らない人ほど、法律とはガチガチに数値で固められた精密なマニュアルのようなものだという印象を持っているかもしれないが、実は全く逆である。はっきり言えば、マニュアル行政を行っている限りにおいては、法律の知識や理解力はあまり問題にならない。数値による機械的な判定は、言われたとおりにしか動かない「指示待ち人間」とか、それほど洗練されていない人工知能（AI）にだって可能なのである。むしろ、法律の理解力が本当に問われるのは、マニュアルから離れた柔軟な運用が求められる局面であること、重々、心に留めていただきたい。

---

(7)　板垣勝彦「震災復興の住宅政策と自治体職員の「説明力」向上の重要性」東北自治87号（2021年）12頁。

6 審査基準を設定・公表していない瑕疵

① 手続的な瑕疵と行政処分の違法・取消しの関係

　行政手続法によって、審査基準の設定・公表が行政庁の義務として課せられたことになる。それでは、もし審査基準の設定・公表がなされないまま処分が行われた場合、法的にはどのように評価されるのだろうか。行政手続法はれっきとした法律であるので、法律に反する以上は違法というのが素直な解釈であるが、手続的な瑕疵と行政処分の違法・取消しには、いくつかの段階があると考えられている。

　一般的な理解では、行政処分の瑕疵は、その程度に応じて、❶行政処分が当然に無効となるほど重大な「無効の瑕疵」、❷取り消されるまでは行政処分が効力を有する「取り消し得る瑕疵」、さらには、❸瑕疵はあるけれども行政処分を取り消すまでのことはない軽微な瑕疵へと分かれる。

　個人タクシー判決では、「これらの点に関する事実を聴聞し、Xにこれに対する主張と証拠の提出の機会を与えその結果をしんしゃくしたとすれば、Yがさきにした判断と異なる判断に到達する可能性がなかつたとはいえないであろうから……本件却下処分は違法たるを免れない」としており、結論に影響を及ぼすような手続的瑕疵については、少なくとも、❶❷のいずれかに該当するという判断が示されている。

② 審査基準を設定・公表していない瑕疵

　それでは、審査基準を設定・公表していなかったとしても申請却下という結論が変わらなかったような場合はどのように考えるのだろうか。これについては、審査基準の設定・公表を怠ったことの法律・条例違反の程度

は重大であり、処分はまず裁判所によって取り消されるものと覚悟すべきである。あまり裁判例は多くはないが、那覇地判平成20年3月11日判時2056号56頁は、行政財産の目的外使用許可申請に対し、審査基準を設定・公表せずに行われた不許可処分について、取消しを免れないとした。事案は、行政財産（港湾施設）である市有地について、市から目的外使用の許可を受け、以後、これを継続して使用してきた者（原告）が使用許可の申請を行ったところ、前記市が県及び他の市と共同で設置して目的外使用の許可権限を承継した一部事務組合（港湾管理者）（被告）から不許可処分を受けたため、その取消訴訟を提起したというものである。

　那覇地裁は、「行政手続法5条の各規定は、行政庁に対し、できる限り具体的な審査基準の設定とその公表を義務づけ、行政庁に上記審査基準に従った判断を行わせることにより、行政庁の判断の慎重・合理性を担保してその恣意を抑制するとともに、申請者の予測可能性を保障し、また不服の申立てに便宜を与えることにより、不公正な取扱いがされることを防止する趣旨のものであると解されるから、行政庁が判断の前提となる審査基準の設定とその公表を懈怠して、許認可等をすることは許されない」とした上で、「被告は本件処分当時、行政財産（港湾施設）の使用許可等について審査基準を設定しておらず、このため、これを公表することもなかったものであるから、本件処分は行政手続法5条に反するものであり、その取消しを免れない」とした。

　この判決では、個人タクシー判決とは異なり、結論に影響を及ぼすか否かにかかわらず、審査基準の設定・公表を欠いた処分は違法なものとして取消しを免れないとされた。興味深いのは、審査基準の設定・公表の趣旨が、申請者の予測可能性の保障（プラス不服申立ての便宜）と行政庁の恣意的判断の抑制であるとするとともに、審査基準の設定・公表が行われていることが理由の提示（行手法8条）の前提であることを述べた点である。すなわち、「理由の提示が同法5条の審査基準の存在を前提とするものであることは明らかであ」って、「理由の提示を欠く場合には、処分自体の取消

しを免れないと解するのが相当である」というのが確立した判例法理である以上は、「その前提となる審査基準の設定とその公表を欠いてされた処分もまた、……処分自体の取消しを免れない」としたのである。

　詳細は後述するが（→64頁）、理由の提示（行手法8条）の瑕疵については一発で処分取消しとするという判例法理が確立している。審査基準の設定・公表は理由の提示の前提となる手続であるのだから、審査基準の設定・公表を欠くことは、理由の提示の瑕疵と比較しても同程度か、それ以上にその瑕疵は重大であり、取消しを免れないというのは、極めて論理的な帰結として首肯することができる。

③ 審査基準の設定・公表を欠く要因

　しかし、脅し文句を並べなくとも、審査基準については行政庁にとっても設定・公表に伴うメリットの方が大きく、反対に、設定・公表を控えるメリットは皆無といえる。何よりも、審査基準は申請を処理する際の内部のマニュアルであって、不利益処分における処分基準とは利用頻度が段違いであり、審査基準がなければ仕事にならないという次元で重要である。そのため、行政実務において意図的に審査基準の設定・公表を行わないということは容易には想定しづらい。だが、いくつかの要因が重なることで、審査基準の設定・公表がなされないという局面は現実に生じ得る。推測すると、おおむね以下の数点に集約される。なお、せっかく設定した審査基準をあえて外部に公表しないなどということは（単純ミスを除いて）考えづらく、ほとんどはそもそも審査基準を設定していない局面である。

---

①　申請の頻度が少なく、担当部局として審査基準作成の必要を感じていなかった

②　担当部局として行政処分であると認識していなかった

③　国の法令所管官庁がしっかりしていなかった

まず、①は言い訳の余地がない担当部局の落ち度である。いかに申請の頻度が少ない「開店休業」状態であろうと、審査基準の設定・公表を怠ることは許されない。

　次に、②は担当部局の過失ではあるが、後で説明するように（→74頁）、行政活動の中には、法的性質として行政処分なのか否か明確に判断しづらいものが存在することも確かである。しかし、だからといって、「行政処分ではないとの理解の下にあえて審査基準の設定・公表は行わない」という態度も、褒められたものではない。

　③は分権至上主義者から怒られそうな要因であるが、国の法令には所管官庁があり、この日本国内で当該法令が適法に運用されるべく留意する責務を負うのであるから、所管法令に関する審査基準が各都道府県・市町村で的確に設定・公表されているか、アンテナを張り巡らせるのは当然のことである。ましてや行政処分は法律の根拠がなければ行うことができないのであり、自身の所管法令の中に行政処分がいくつあるのか把握していなかったなどという言い訳が許されるわけはない。むろん、審査基準の設定・公表を怠っていたことの最終的な責任は自治体の担当部局に帰せられる。

　③の派生形として、法令上は都道府県知事等の権限とされている行政処分について、その権限が様々な理由で個別的に市町村長等に移転している場合が想定される。この点、指定都市や中核市のようにパッケージとして権限が移転する場合には、新たに当該権限を取得するに際して審査基準の設定・公表を済ませておかないなどということは考えづらい。ところが、条例による事務処理の特例（地方自治法252条の17の2）のような個別的な権限の移転となると、法令所管官庁が逐一把握するのは難しいので、都道府県と市町村の担当部局が気を付けなければいけないことになる。

　違法行政が行われていないかチェックするといった名目で、総務部局などが号令をかけて、自身の自治体において行政処分（申請に対する処分・不利益処分）の権限をどのくらい有しているのか、一度洗い出しの作業を行ってみることを勧めたい。その過程で新たな発見があると思われるし、現場

の職員にとっても、自身の仕事を省みる無二の機会となるからである。

④ 審査基準の策定手続（意見公募手続）

　なお、国の行政庁が審査基準を設定するときは、事前に**意見公募手続（パブリック・コメント）**に付す必要がある（行手法39条以下）。意見公募手続に付さずに審査基準を設定したような場合、その審査基準に基づいて下された不許可処分は、手続的にみて違法なものと評価されることが起こり得る。意見公募手続には付したものの、提出された意見を十分に考慮せずに審査基準が設定された場合も同様である（行手法42条）。法律上の意見公募手続については後述するが（→第5章163頁）、ほとんどの自治体の行政手続条例においても同様の手続が要求されている。

⑤ 手続保障のさらなる深化に向けて

　意見公募手続において、命令等の案はインターネットを通じて公開されることが通例となってきている（国の場合は、電子政府のポータルサイトe-GOVが用いられる）。新型コロナウイルスの感染拡大を受けて、行政手続の電子化が目下の課題となっており、押印手続の廃止や電子署名の普及などを求める声が喧しい。しかし、行政手続の電子化自体はずいぶん以前から対応が模索されている「今さら」の話題であって、むしろ、基盤を整備してもなぜか利用が進まない領域である。筆者は、少しでも電子化を推進するために、審査基準や処分基準などを、Web上で積極的に公開していくことを提案したい。都道府県、指定都市、中核市など一部の大都市を除き、Web上で審査基準や処分基準が公開されている事例は多いとはいえない。これらの基準が「公開されている」とはいっても、大部分の自治体では窓口に問い合わせて取り寄せないと現物が見られず、これでは電子化以前の問題である。ほとんどの自治体において条例や規則の「例規集」がWeb上で公開されているように、審査基準や処分基準もWeb上で積極的に公開していくことが、手続保障の深化に向けた第一歩であろう。

7 標準処理期間

　行政庁は、申請者が今後の見通しをつけられるように、申請を審査して許可・不許可の応答をするまでに通常要すべき標準的な期間 **(標準処理期間)** を定めるよう努めるとともに、これを定めたときは公表しておかなければならない（行手法６条）。

　通常は要綱やガイドラインなどで定められているのだが、法令や条例の中で申請に対する応答までのリミットとなる期間が定められている場合もあり、生活保護申請における14日（生活保護法24条５項――ただし30日まで延長可）や建築確認における35日（建築基準法６条４項――ただしプラス35日まで延長可）などが有名である。神奈川県情報公開条例10条では、期間を徒過することのないように、詳細な例外規定を置くなど、ずいぶん神経を遣っていることが窺える。同条５項は、近年相次いでいる大量請求への対処を定めた規定である。

○神奈川県情報公開条例（平成12年３月28日条例第26号）

（公開請求に対する決定等）

第10条　実施機関は、公開請求があったときは、当該公開請求があった日から15日以内に、当該公開請求に対する諾否の決定（以下「諾否決定」という。）を行わなければならない。ただし、前条第２項の規定により補正を求めた場合にあっては、当該補正に要した日数は、当該期間に算入しない。

２　実施機関は、諾否決定をしたときは、請求者に対し、その旨及び第13条の規定による行政文書の公開の実施に関し実施機関が定める事項を書面により通知しなければならない。

３　前項の場合において、公開請求に係る行政文書の全部又は一部の公開を

拒むとき（第8条の規定により公開請求を拒むとき及び公開請求に係る行政文書を実施機関が管理していないときを含む。）は、その理由を併せて通知しなければならない。この場合において、当該行政文書の公開を拒む理由がなくなる期日をあらかじめ明示することができるときは、その期日を明らかにしなければならない。

4　実施機関は、事務処理上の困難その他正当な理由があるときは、第1項に規定する期間を45日以内に限り延長することができる。この場合において、実施機関は、請求者に対し、遅滞なく、延長後の期間及び延長の理由を書面により通知しなければならない。

5　公開請求に係る行政文書が著しく大量であるため、公開請求があった日から60日以内にその全てについて諾否決定をすることにより事務の遂行に著しい支障が生ずるおそれがある場合には、第1項及び前項の規定にかかわらず、実施機関は、公開請求に係る行政文書のうちの相当の部分につき当該期間内に諾否決定をし、残りの行政文書については相当の期間内に諾否決定をすれば足りる。この場合において、実施機関は、第1項に規定する期間内に、請求者に対し、次に掲げる事項を書面により通知しなければならない。

(1)　この項の規定を適用する旨及びその理由

(2)　残りの行政文書について諾否決定をする期限

　行政手続法6条が要請する標準処理期間はあくまで目安なので、1日や2日くらい遅れた程度で違法と評価されることはない。もちろん、設定された標準処理期間をあまりに過ぎてなされた処分は違法となるが（申請に対する応答自体がない場合には、不作為の違法確認判決が下される）、処分自体が取り消されるわけではなく、自治体が遅延によって生じた損害賠償を申請者に対して支払う（国賠法1条1項）といった解決となる。

　ただし、やはり期間を徒過するというのが誰の目にも分かりやすいルール違反に映るためか、クレーマー気質の申請者からの追及を恐れて、実務

的には期間の遵守が絶対視されているようである。こうなると、下手に（？）期間を設定することで運用が縛られることを嫌がって、標準処理期間の設定自体が――努力義務にすぎないこともあって――見送られることにも繋がり、何か本末転倒に感じられる。

　似たような話題として、行政不服審査法における標準審理期間（同法16条）についても、審査請求から1年以内に裁決を行うなどと設定してしまうと、それに拘束されて事務局が四苦八苦すると聞く（そうした事情もあり、筆者が知る自治体ではおしなべて設定について様子見の状況である）。標準審理期間は、国地方係争処理委員会の90日ルール（地方自治法250条の14第5項）のように法定された「固い」ルールではないし、もう少し鷹揚に構えても良いとも思われるが、世知辛い世の中のあおりを直に受けている感がある。他方で、その規定の是非について争いがあるにせよ、刑事訴訟法475条2項のように――法務省所管なのに！――ほぼ無視されている規定もあるし、役所の期限遵守に対する考え方は、よく分からないものである。

　標準処理期間が問題となる事例は行政指導絡みが多く、詳しくは、行政指導の箇所で説明する（→第4章）。

8 理由の提示

① 概要

　行政庁が申請により求められた許認可等を拒否する処分（拒否処分）をする場合には、申請者に対し、同時に当該処分の理由を示さなければならない（行手法8条1項）。申請に対する処分に関して、審査基準の設定・公表と並ぶもう一つのヤマである「理由の提示」と呼ばれるルールである。

　拒否処分を書面でするときには、理由もまた、書面において示す必要がある（同条2項）。とはいえ、拒否処分を口頭のみで行うことはまずないので、端的に、拒否処分には書面で理由を付さなければならないと覚えておくことを薦める[(8)]。

　「外国人の技能実習の適正な実施及び技能実習生の保護に関する法律」（技能実習法、平成28年法律第89号）25条2項のように、拒否処分と同時にではなく、「遅滞なく」その理由を提示することを求める例も存在する。具体的に何日以内という目安はないけれども、一般には、「直ちに」、「速やかに」、「遅滞なく」となるに従い、多少の遅れも許容されると言われている。

　法令に定められた許認可等の要件又は公にされた審査基準が数量的指標などの客観的指標によって明確に定められており、申請が不適合であることがその内容から明らかであるときには、申請者からの求めがあったときに拒否の理由を示せば足りる（行手法8条1項ただし書）。とはいえ、実務的

---

(8)　公務員試験の正誤問題で、「拒否処分の理由は必ず書面で示さなければならない」という事理は、○か×か？（正解は×）といった設問を見かけることがあるが、受験者に全く本質と関係のない知識を試す愚問という以外にない。

には自信を持って「明らかである」と言い切れるか不安な場合も少なくないであろうし、通常は、念のために理由を示す運用が採られていることと推察される。

❷ 理由の提示の趣旨——行政庁の恣意的判断の抑制と申請者の不服申立ての便宜

　行政処分一般において、行政庁にその理由を提示する義務が課せられている趣旨は、①行政庁の判断の慎重・合理性を担保してその恣意を抑制するとともに、②処分の理由を相手方（拒否処分の場合は申請者）に知らせて不服の申立てに便宜を与えることにあるとされる（最判昭和38年5月31日民集17巻4号617頁）。

　その趣旨を申請に対する拒否処分について詳しくみていくと、まず、①**行政庁の恣意的判断の抑制**については、客観的にみて適切に説明することができないような根拠に基づいて相手方の申請を拒否してはならないとする制約を課すことで、行政庁に対し、申請を通すか否かについて、十分な検討を行うことを間接的に求めていくという趣旨である。マッチングアプリで相手を見つけるのと訳が違うのだから、ただ何となくとか、思っていたのと違ったからなどといういい加減な理由で申請を断ることは許されない。特に許可については、公共の利益のために一般的に制限された本来的な自由を個別的に解除するというその性質からも、取り立てて拒否する理由が思い付かないのであれば許可を付与する方向で検討しなければならない[9]。行政庁には、申請が許認可を行うために法律で定められた要件に適合するか否か、自身の策定した審査基準に照らして慎重に慎重を重ねた考慮を行った上で、合理的な判断を下す義務が課せられるのである。

---

(9)　裁量の認められない確認行為についても同様である。詳しくは、塩野宏『行政法Ⅰ〔第6版〕』（有斐閣、2015年）129頁以下。なお、行政裁量が幅広く認められるとされる講学上の「特許」であっても、申請を拒否する場合に理由の提示が義務付けられることに変わりはない。ただし、広い裁量が認められることは、提示される理由の内容にも質的な影響を与えると思われる。裁量性の広狭が理由の提示の具体的内容といかに関係するかというのは、極めて興味深いテーマであり、今後の研究が俟たれる。

次に、②**不服申立ての便宜**というのは、申請者が審査請求や取消訴訟を提起して拒否処分の違法性を主張するときに、一体自分はいかなる理由によって拒否処分がなされたのかを知ることができれば、処分の違法性を主張する手がかりとなり、非常に役立つという趣旨である。個人タクシー事件の例でいえば、申請者Xに対し、「貴殿は現在洋品店を経営しており、『本人が他業を自営している場合には転業困難なものでないこと』という要件に適合しないので不許可です」と理由を示されれば、Xとしては「いや、私は個人タクシー免許を貰った暁には洋品店を畳む所存です」と反論することができるし、「貴殿は『運転歴が7年以上の者であること』という要件に適合しないので不許可です」と言われれば、軍隊での運転歴を含めた職務経験の内容について証明書を取り寄せるなど、反論の準備が容易となる。審査請求や訴訟になれば、いずれ行政から拒否処分の理由は示されるのだが[10]、処分と同時に理由が示されないと、それまで、Xとしては手探りで反論の準備を進めなければならないことになって、無駄が大きい。運転歴の短さが原因なのかと推測して軍務に関する資料を取り寄せたのに、本当の理由は洋品店経営であったということが判明すれば、それまでの準備は徒労に帰す。②不服申立ての便宜という趣旨には、早い段階で拒否処分の理由を示すことで、争点を明確にし、申請者と行政庁とで噛み合った議論を展開してほしいという訴訟経済上の意図が込められている。

---

(10)　かつて白色申告に係る課税処分においては理由の提示が義務付けられていなかったために、税務署長に対する異議申立てを通じてしか処分理由を知ることができなかったが、白色申告の課税処分においても理由の提示が義務付けられた現在では（国税通則法74条の14第1項）、その機能は失われた。阿部泰隆『行政法再入門（下）〔第2版〕』（信山社、2016年）184頁。

9 理由の提示の注意ポイント

① はじめに

　審査基準の設定を欠くほどの重大な手続的瑕疵は珍しいのに対して、理由の提示については全国の自治体においていまだに不備が目立ち、早急な是正が必要である。また、部局を挙げた取組みが必要とされる審査基準の設定・公表に対して、理由の提示については、上司の決裁をとる必要があるにせよ、個々の職員の心がけによって今すぐ改善することも難しくはない。自治体職員向けの研修で、理由の提示の意義が強調されるのは、そのためである。以下、事例ごとに注意すべきポイントを挙げていく。

　細かいことをいえば、理由の提示は、㋐当該処分を行う上で認定した事実、㋑当該事案において適用される規範（法令や審査基準）、㋒事実を規範へと当てはめた結果（適用関係を含む）という段階を踏んで行われる必要がある。予備校講師が大好きな、法的三段論法といわれる構造である（正確にいうと、法的三段論法とは、第一に㋑法規範の定める要件（大前提）を明らかにし、第二に㋐具体的な事実（小前提）が㋑要件（大前提）に当てはまるかを判断することで、第三に㋒効果の発生の有無を定める論理構造を指す）。㋐「Xは運転歴が7年に満たない」、㋑「個人タクシー免許は運転歴7年以上の者でなければ付与されない」、㋒「したがって、Xに個人タクシー免許を付与することは認められない」という具合であって、法律家にのみ備わっている特殊能力のごとく喧伝されるが、論理的には当然の話であり、勿体ぶって披露するほどのことではない。㋐認定事実、㋑根拠規範、㋒適用関係と結論というのは、不利益処分における理由の提示（行手法14条1項）でも同じように求められる。

処分の通知書について、ある程度標準化された「様式」を作成しておくといった工夫があっても良い。先進自治体においては、「申請に対する処分」と「不利益処分」のそれぞれに応じて、「理由の提示」欄を設けた標準的な様式が作成されている。特に①根拠規範を示すことは必須なので、あらかじめ様式の中に書き込んでしまうのである。たとえば、次項で述べるように、拒否処分の根拠規定となる法条が旅券法13条1項の1号から5号まで分かれており（現在では6号・7号が加わっている）、そのいずれの号に依拠する処分であるのかについてまで明らかにする必要があるときは、事前に所定の様式に［旅券法第13条第1項（第1号・第2号・第3号・第4号・第5号）］という記載を設けておき、処分のたびに〇を付けるだけで済むようにする。その他にも、頻出する文言を印字しておく、必要に応じてチェックボックスを活用するなど、原課に対し適正手続を簡易に遵守してもらうための工夫の余地は大きい（参照、障害基礎年金の支給停止処分に関する大阪地判平成31年4月11日判時2430号17頁）。所定の様式を入念に調えることによって手続違反が起こらないように努めるのも、法務部局の大切な役割といえよう。

　これに関連して、通常は、不服申立ての教示（行政不服審査法82条・83条）や取消訴訟等の提起に関する教示（行政事件訴訟法46条）が通知書の下欄に定型文で書き込まれている。教示を欠いたからといって処分が取り消されるわけではないが、相手方の手続保障のためには正確な記載が望まれることは言うまでもない。

② 根拠法条の番号だけではダメ

　少し順番を変えて、①根拠規範から、その注意点について説明する。処分の根拠法条を示すことは、理由の提示において必須である。だが、根拠法条の番号を示すだけでは不十分であり、一定程度、条文の記載内容まで引き写す必要がある。わざわざ通知の中で示さなくとも、検索すれば調べられるじゃないか……という言い訳は通用しない。

行政手続法が制定される前の事案であるが、最判昭和60年1月22日民集39巻1号1頁は、「旅券法13条1項5号に該当する」と根拠法条の番号のみを示してなされた一般旅券発給拒否処分について、旅券法14条が一般旅券発給拒否通知書にその理由を付記すべきものとした趣旨を①行政庁の恣意的判断の抑制と②申請者の不服申立ての便宜に求めた上で、「いかなる事実関係に基づきいかなる法規を適用して一般旅券の発給が拒否されたかを、申請者においてその記載自体から了知しうるものでなければならず、単に発給拒否の根拠規定を示すだけでは、それによって当該規定の適用の基礎となった事実関係をも当然知りうるような場合を別として、旅券法の要求する理由付記として十分でないといわなければならない」としてこれを取り消した。この判決で最高裁が示したのは、単に根拠法条の番号を示すだけでは理由付記として不十分であるという法理であり、この法理は、行政手続法制定後の下級審裁判例でも連綿と受け継がれている（日本中央競馬会が行った馬主登録申請拒否処分の取消請求を認容した東京地判平成10年2月27日判時1660号44頁など）。

○旅券法（昭和26年法律第267号）＊事件当時の条文
第13条　外務大臣又は領事官は、一般旅券の発給又は渡航先の追加を受けようとする者が左の各号の一に該当する場合には、一般旅券の発給又は渡航先の追加をしないことができる。
一　渡航先に施行されている法規によりその国に入ることを認められない者
二　死刑、無期若しくは長期2年以上の刑に当たる罪につき訴追されている者又はこれらの罪を犯した疑いにより逮捕状、勾引状、勾留状若しくは鑑定留置状が発せられている旨が関係機関から外務大臣に通報されている者
三　禁錮以上の刑に処せられ、その執行を終るまで又は執行を受けることがなくなるまでの者

四　第23条の規定に該当して刑に処せられた者

　　五　前各号に掲げる者を除く外、外務大臣において、著しく且つ直接に日本国の利益又は公安を害する行為を行う虞があると認めるに足りる相当の理由がある者

　2　略

第14条　外務大臣又は領事官は、前条の規定に基き一般旅券の発給又は渡航先の追加をしないと決定したときは、すみやかに、理由を付した書面をもつて一般旅券の発給又は渡航先の追加を申請した者にその旨を通知しなければならない。

　もっとも、大抵の場合には、㋐認定事実、㋑根拠規範、㋒適用関係と結論を丁寧に記述しなくとも、法律の条文内容を引き写せばそれで事足りる。一般旅券発給拒否処分についていえば、申請者が窃盗罪で拘禁刑３年の有罪判決を受けていたのなら、「貴殿は窃盗罪で拘禁刑３年の有罪判決を受けてその執行がまだ終わっておらず、旅券法13条１項３号に該当するため、旅券の発給は認められません」と記載すれば済むのである。法律の条文をなぞっていけばある程度はそれらしい理由となるというのは、覚えていて損はない[11]。

　なお、条文の内容まで記載すると分量が長くなってしまうという心配もあろうかと思われるが、これについては、処分の通知書に「別紙」をつけて、「詳細は別紙参照」としてしまえば良い。❺で後述するが、審査基準の適用

---

(11)　むろん、条文の内容をなぞるだけでは足りず、裁量判断の詳細まで示すことが求められる局面も少なくない。福岡地判平成25年３月５日判時2213号37頁は、廃棄物処理法７条１項本文に基づきなされた一般廃棄物収集・運搬業許可申請の不許可処分において、通知書には「廃棄物処理法７条５項第１号、同条５項第２号による。」とのみ記載されていた事案である。廃棄物処理法７条５項２号とは、「その申請の内容が一般廃棄物処理計画に適合するものであること」という抽象的な規定であるため、条文をなぞるだけではなく、申請のいかなる点が一般廃棄物処理計画のいかなる点に適合しなかったのか、具体的に記載することが求められたものといえよう。

関係まで示すとなると分量が長大になってしまうという場合も、この方法で対処できる。

　むろん、誰もがポケットから検索機械を取り出せばたちどころに現行法令を調べられる現在、「条文番号を示すだけではダメ」という法理にかつてほどの説得力はない。ただし、スマートフォンは現状高価であり、誰でも持っているわけではないし、お年寄りなど、使いこなせない人もまだ少なくない。費用の問題のほか、「デジタルネイティブ」が高齢世代に達するまで、「条文番号を示すだけではダメ」という時代はしばらく続くだろう。

③ 率直な記述が求められる

　続いて、㋐認定事実について説明する。事実関係の説明が不十分であるとして処分が取り消される例は後を絶たない。ここで小手先のテクニックよりも強調したいのは、事実関係については、一般国民である処分の相手方が一読してその内容を理解できるような、率直な記述が求められることである。専門用語や冗長な論理を駆使して煙に巻くようなことは論外だが、当たり障りのない表現に終始して核心に触れない記述では、理由の提示として十分さを欠く。❷で根拠条文の番号だけ記載してそれで済まそうとするのも、事を穏便に処理しようとする日本人の、さらには行政職員の習性と無関係ではないだろう。

　たとえば、最判昭和60年1月22日の事案で、なぜ申請者に対し一般旅券の発給が拒否されたのかといえば、申請者において日本赤軍との関連が疑われていたからである。しかも渡航先はサウジアラビアであり、当時の日本赤軍の行状からすれば、中東地域への渡航など、認められるわけがない。実際、原告の異議申立てに対し、外務大臣は、「貴殿の中東地域において行った諸活動及びその他の資料からみて、貴殿はいわゆる日本赤軍と称される過激派集団と連繋関係を有するものと認められ、これら過激派集団の既往の破壊活動等にかんがみ、貴殿の海外渡航はわが国の利益及び公安を著しくかつ直接に害する虞があると認められる」との理由で棄却決定を下して

いる。最初から処分理由をこうして率直に記載していれば、少なくとも理由の不備が最高裁まで争われることはなかった[12]。

　しかし、テロリスト（と疑われる者）に対して貴方はテロリストだからダメと断るのも、かなり勇気の要ることである。担当者にとって胃が痛いところではあるが、ただ、そもそも申請を拒否するという点で相手方の希望に沿わないことは宿命であって、一定程度は「角が立つ」内容になることについても、覚悟というか、腹をくくらなければいけない面がある。こうした傾向は不利益処分においてさらに顕著となるが、申請に対する拒否処分においても、欠格条項への該当性の認定などは、「角が立つ」内容とならざるを得ない。

　その一方で、単なる行政の意識不足が原因と思われるケースも散見される。東京地判平成30年7月17日LEX-DB25555420は、東京都公安委員会が行った銃砲刀剣類所持等取締法（銃刀法）に基づく銃砲所持許可更新不許可処分について、処分の通知書には、単に銃刀法5条の2第2項2号に該当する旨の記載があるにとどまり、基礎となる事実関係が一切記載されていなかったという事案である。事件当時の銃刀法5条の2第2項2号は、「人の生命又は身体を害する罪（死刑又は無期若しくは長期3年以上の懲役若しくは禁錮に当たるものに限る。）で政令で定めるものに当たる違法な行為をした日から起算して10年を経過していない者」という欠格事由を定めた条項であり、「政令で定めるもの」については、同法施行令12条が規定していた。しかし、当該処分の通知書においては、同法施行令12条の列挙する

_____

(12)　実際、昭和60年3月6日付けで申請者に対して改めて行われた一般旅券発給拒否処分では、異議申立ての棄却決定とほとんど同じ内容の理由が付されている。再び行われた取消訴訟では、大阪地判昭和63年5月27日行集39巻5・6号365頁が、日本赤軍と連繋関係にあるという事実を示していれば、理由提示の不備の違法があるとはいえないという判断を下しており、控訴審である大阪高判平成2年11月27日判時1368号46頁でも維持されている（ただし、いずれも事実関係として日本赤軍との連繋関係は認められないとして、実体的な違法を理由に処分は取り消された）。折橋洋介「判例解説（最判昭和60年1月22日）」斎藤誠ほか（編）『行政判例百選I〔第8版〕』（有斐閣、2022年）238頁。

刑罰法規のいずれが適用されると判断されたのかも記載されておらず、理由の提示が不十分であるとされた。これでは、単なる行政の怠慢と言われても仕方がない。それ以外にも、法務大臣及び厚生労働大臣が行った特定監理事業許可申請への拒否処分について、技能実習法26条4号所定の欠格事由該当性（外国人の技能実習の適正な実施を妨げる不正行為（上陸基準省令下欄16号の表のヲに掲げる行為）を行ったと認められ、当該不正行為が終了した日から3年間を経過していないこと）に関していかなる不正行為を行ったのかについて事実関係の記載が不十分であり、理由の提示に瑕疵があるとされた例として、東京地判令和元年9月26日LEX-DB25582416が見出される。

　率直で、相手方が一読して拒否の理由を理解できるような記述を行うというのは、存外に難しいものである。「不服申立ての便宜のため」と言われても、一般の、特に原課の職員からは、「揚げ足をとられる」「言葉尻を捕らえられる」手がかりをわざわざ相手に与えるようなことをなぜ行う必要があるのかという反発が予想される。先ほど「行政職員の習性」という表現を用いたが、誰しも、自身が日頃気を付けている行動理念とあえて逆のことを行うにはエネルギーが必要である。それが個人ではなく、組織人としての習性にかかわる事項であるならば、その何倍もの労力を要しよう。だからこそ、原課の職員に対しては理由の提示の趣旨を繰り返し説明し、納得を得ることが求められるのである。

④ 第三者の権利利益を損なうおそれがある場合

　他方で、不許可処分の根拠とした詳細な事実関係を申請者に示すことで、第三者の権利利益が害されかねない局面も存在する。「角が立つ」という段階を超えて、人の生命・身体に危害が及ぶような場合には、さすがに理由の提示の程度も後退せざるを得ない。東京地判平成30年5月24日判タ1465号105頁は、銃刀法9条の5第2項に基づく射撃教習受講資格の認定申請に対し、東京都公安委員会が、「あなたは、粗暴な言動を繰り返してお

り、銃砲刀剣類所持等取締法第5条第1項第18号に規定する他人の生命、身体若しくは財産若しくは公共の安全を害するおそれがあると認めるに足りる相当な理由がある者に該当すると認められることから、教習資格を認めない。」という理由で下した不認定処分の取消訴訟である。銃刀法5条1項18号は、「他人の生命、身体若しくは財産若しくは公共の安全を害し、又は自殺をするおそれがあると認めるに足りる相当な理由がある者」について教習資格の欠格事由を定めている。当然、公安委員会は、申請者の粗暴性や反社会性について、第三者から任意に情報を収集するのだが、「提供を受けた内容を申請者（名宛人）に明らかにすると、当該第三者が、申請者（名宛人）から報復を受け、あるいは、報復を受けることに対する恐怖を抱きながら生活することを余儀なくされるなど、当該第三者の権利利益や生活の平穏を害するおそれがあり、ひいては、将来、同種の処分をする際に、このようなおそれを懸念する第三者から有用な情報を的確に収集することができなくなるおそれも否定できない」。東京地裁は、こうした事情を考慮すると、「処分理由の告知においても……情報提供をした第三者の特定につながるような事実関係の伝達を差し控えることにも、一定の合理性がある」として、申請者の性格や生活状況、日常における言動など、誰が情報を提供したのか申請者に特定されるような事実関係の詳細まで常に記載を要するものではないとした。その一方で、情報提供者の保護への配慮を要しない情報（犯罪歴、申請者の供述、警察官によって現認された申請者の言動等）については、その日時、場所や態様等を含めた具体的内容について可能な範囲で明らかにすることを求めている。

⑤ 審査基準の適用関係

㋻適用関係と結論については、審査基準との関連が深い。多くの場合、処分の根拠法令だけを手がかりに許可・不許可の判断を下すことは難しく、具体的な内容は審査基準に委ねられているからである。この事理が、審査基準の設定・公表は理由の提示の前提であるから、審査基準の設定・

公表の瑕疵は重大であるとした那覇地判平成20年3月11日判時2056号56頁へと結び付く（→45頁）。通常、審査基準は一般に設定・公表されている以上、理由の中で、審査基準の適用関係まで記載することまで求められる。この点、審査基準の規定が行政庁の裁量判断の余地を残さない書きぶりであるほど、理由の提示は簡潔で済むことを指摘しておこう。「審査基準では、まな板は合成樹脂製又は合成ゴム製でなければならないと規定しているところ、貴殿の申請では木製のまな板を用いるとされているので、基準に適合せず不許可処分としました」と説明すれば足りるからである。むろん、前述したように（→42頁）、裁量判断の余地が小さくなることは、行政庁にとって事案に応じた柔軟な解決を困難にすることとも表裏一体であり、諸刃の剣である。

　審査基準が詳細で、行政庁に裁量の余地がほとんどなければ、審査基準の第何項に適合していないから不許可ですと伝えれば済むのに対して、審査基準が抽象的で、行政庁の裁量の幅が大きい場合には、その幅が広いほどに丁寧な理由の提示が求められる。参考となるのが、中国の医学校を卒業した原告が日本の医師国家試験予備試験受験資格の認定申請を行ったところ、厚生大臣（当時）により却下されたため、その取消しを求めたという事案に係る東京高判平成13年6月14日判時1757号51頁である。当該事案では、審査基準に当たる認定基準が公表されていなかっただけでなく、却下処分には、「貴殿の医学に関する経歴等からみて」という理由のみが記されていた。東京高裁は、許認可等の申請を拒否する処分に付すべき理由の程度は、「いかなる事実関係についていかなる審査基準を適用して当該処分を行ったかを、申請者においてその記載自体から了知しうるものでなければならない」とした上で、そもそも審査基準を公表していないばかりか、理由の提示も欠くなど重要な手続を履践しないで行われた処分は、当該申請が不適法なものであることが一見して明白である等の特段の事情がある場合を除いて、違法な処分として取消しを免れないとした。最判昭和60年1月22日が「いかなる法規を適用して一般旅券の発給が拒否されたかを、

申請者においてその記載自体から了知しうるものでなければならず」としていた点が、「いかなる事実関係についていかなる審査基準を適用して当該処分を行ったかを、申請者においてその記載自体から了知しうるものでなければならない」という表現に置き換えられている。

　近年でも、太陽光発電施設建設計画に関する普通河川の敷地占用許可申請について不許可処分を下された事業者が提起した取消訴訟において、静岡地判令和2年5月22日判時2519号29頁が、理由の提示が不十分であるとして請求を認容したことが注目される。すなわち、普通河川条例には占用の許可・不許可の要件が規定されておらず、市長の裁量が大きいところ、裁量基準として用いられた要領（本件要領）の内容は2つの通達を引用する形式で規定されるなど非常に複雑であり、「占用を不許可とする処分に際して示されるべき理由としては、処分の原因となる事実及び処分の根拠法令に加えて、本件要領の適用関係が示されなければ、処分の名宛人において、いかなる理由に基づきどのような勘案事項によって不許可とされたのかを知ることは困難である」とする。その上で、不許可決定通知書には、事実関係が何ら示されないばかりか、通達に規定された「社会経済上必要やむを得ない」に該当しないという結論が記載されたのみであって、事業者において、いかなる理由により、いかなる勘案事項についていかなる事情を考慮した結果、市長がそのような結論に至ったのかを知ることは困難であるとして、不許可処分を取り消したのである。

⑥ 一発取消しのわけ

　理由の提示に関する判例法理をみると、日本の裁判所にしては珍しく、半世紀も前からとても厳しい態度で臨んでおり、その瑕疵については躊躇なく一発取消しを命じた上で、手続を最初からやり直させるという点で一貫している。結論に与える影響を問わず、❶無効の瑕疵か❷取り消し得る瑕疵のいずれかに該当するとしているのである。これほどまでに裁判所が厳しい態度を見せるわけについて、筆者も、①行政庁の恣意的判断の抑制

と②相手方の不服申立ての便宜という理由の提示の趣旨に照らして縷々思案しているのだが、恐らくは、①の要請から来るものと考える。客観的かつ公正な審査を行ったのであれば、申請を拒否した理由をきちんと示すことができるはずであり、処分と同時に理由を示すことができないのは、客観的かつ公正な審査を怠ったためであって、①行政庁の恣意的判断の抑制の見地から許されないということではないか。

　それは、証拠（エビデンス）を重視する職業裁判官の習性とも深く関係する。つまり、裁判官は、職業上、証拠が不十分である状態で安易に事実を認定してはならないという厳格な訓練を受けている。行政処分に付された理由は、「申請に対する処分」であれば申請に対して審査基準に基づき念入りに審査したことを、「不利益処分」であれば告知と聴聞を経て処分基準に基づき様々な事情を公正・公平に考慮した結果であることを、その相手方だけではなく世間一般に向けて示す唯一の証拠（エビデンス）なのである。

　少し考えてみてほしい。いくら行政組織の内部で処分をするか否か、するとしていかなる処分を行うかについて侃々諤々の議論を闘わせたとしても、それが証拠として残っていなければ確かめようがない。客観的な判断を求められる審判（ジャッジ）の立場としては、「証拠がないということは、きちんと考慮していなかったのだろう」→「それならば処分を取り消してもう一度ゼロから審査をやり直してもらおう」というのは、実に論理的な判断である。証拠もないのに、「行政なのだからきちんと（処分を下すための手続を）履践しているだろう」と認定することは許されないのである。

　最後に、手続を遵守することへのインセンティブについて触れておく。原課の職員に対して、「理由の提示」を含めた適正手続の履践を要請する際、わざわざ「揚げ足を取られにいく」ことへの疑問も含めて、今一つ納得が得られないことに頭を悩ませているはずである。裁判になれば負けるから、というのも後ろ向きな説明で好きにはなれない。前向きな動機として、申請を通すか否か、一生懸命議論を闘わせたのならば、ぜひその成果を証拠（処分の理由）として提示してください、と説明してはいかがだろうか。

10 届出

① 定義

　少し視点を変えて、届出をはじめとする、申請に関連する諸問題についても説明してみたい。最初に説明するのは、届出の定義である。行政庁に対する通知であっても、申請とは異なり、法律上の効果を発生させるために行政庁の諾否の応答を必要としないものを、**届出**と呼ぶ。行政手続法2条7号は、「行政庁に対し一定の事項の通知をする行為（申請に該当するものを除く。）であって、法令により直接に当該通知が義務付けられているもの（自己の期待する一定の法律上の効果を発生させるためには当該通知をすべきこととされているものを含む。）をいう。」と定義する。

② 当たり前の規定？

　届出に関する行政手続法の規定は、この定義規定を除くと、次に掲げる同法37条の1か条にとどまる。

○行政手続法（平成5年法律第88号）

（届出）

第37条　届出が届出書の記載事項に不備がないこと、届出書に必要な書類が添付されていることその他の法令に定められた届出の形式上の要件に適合している場合は、当該届出が法令により当該届出の提出先とされている機関の事務所に到達したときに、当該届出をすべき手続上の義務が履行されたものとする。

すなわち、届出者は、形式上の要件を備えた届出書の提出さえ済ませれば、自己の期待する一定の法律上の効果を得ることができるという内容である。たとえば、探偵業の業務の適正化に関する法律４条１項は、探偵業を営もうとする者に都道府県公安委員会への届出を義務付けているところ、この届出が形式上の要件さえ備えていれば、届出者は探偵業を適法に営むことが認められることになる。

　「提出」とは、厳密には、提出先とされる機関の事務所へと物理的に到達することを意味する。そんなことは当たり前ではないか、と訝しく思われるかもしれない。しかし、法律とは世相を映す鏡のようなもので、消費者被害が多発しなければクーリングオフの規定（消費者契約法４条各項）は必要なかったし、飲酒運転が社会問題となったからこそ危険運転致死傷罪（自動車の運転により人を死傷させる行為等の処罰に関する法律２条各号）が新設されたというように、何の意味もなく立法が行われることはない。こうした立法の必要性を基礎付ける社会的な事実のことを立法事実という。中世ヨーロッパの大学では、難しい試験問題を出題した教官を刺し殺すことを禁じる学則があったそうである。教官の身を護ることが立法事実として承認されていたのだろう。当たり前に感じられる規定がわざわざ置かれているのは、その当たり前であるはずのことが当たり前ではなかった時代があったことの裏返しなのである。

　届出をめぐる行政手続法の立法事実。それは、かつての実務における「受理」ないし「不受理」というプロセスのことを指す。つまり、昭和の時代には、届出がなされても、窓口において「これはまだ受け取っていないから（不受理）、届出の法的効果は発生しない」とする取扱いがなされていた。受理されていない以上、法律上の効果は発生しないという理屈である。運用上は行政指導と組み合わせて用いられており、届出の内容が行政指導を通じて行政庁の求める内容に合致するよう変更されれば「受理」されるし、そうでなければ「不受理」のまま留め置かれる。そのようにして、行政庁の望まない内容の届出については、「受理」されないまま放置されるか、届出をし

ようとする者が届出自体を諦めて取り下げさせるように仕向けられていたのである。

③ 「受理」「不受理」概念の否定と行政手続法

しかし、届出とは、届出をするだけでそれで事は済む通知行為のことであるというのが、立法者意思のはずではなかったか。「受理」や「不受理」という実務上の運用は、結局のところ行政庁が諾否の応答を行うのと同じ帰結をもたらすものであり、こうした立法者意思に真っ向から反する。そこで、行政手続法37条は「受理（不受理）」なる概念を否定して、届出義務は、行政庁の事務所の窓口に物理的に到達したときに果たされるのであって、それ以上の何らの行為も必要としないという――当たり前のことが――わざわざ規定されたのである。

11 申請における「受理」「不受理」

　説明の順序が入れ替わってしまったが、申請についても、「受理」「不受理」の運用は行われていた。ただし、申請の場合、届出とは異なって、もともと行政庁の諾否の応答が予定されているので、少々補足する。申請における「不受理」が行われたのは、法律の要件を充たす申請であって本当は許認可を与えなければならないにもかかわらず、何らかの理由から行政庁が許認可を与えたくはないという局面においてであった。許認可を与えたくない理由には様々なものがあり、営業許可において実質的な需給調整を行う目的であるとか（法律には需給調整の規定は置かれていないケース）、既存住民の反対運動が激化する中でのマンション建築を引き延ばす目的など（建築確認や開発許可の申請それ自体に法律上の問題はないケース）が典型的であるが、いずれにせよ、申請を行うこと自体に法律上の障壁はなく、申請がなされた暁には審査の上で許認可を付与しなければならない状況であった。

　行政庁としては、申請を受理していない以上は許認可の審査に移行する必要もないわけで、申請はいわば棚ざらしの状態で据え置かれる。これも行政指導と組み合わせた運用が行われており、申請者が申請の内容を行政指導に沿うように変更すれば「受理」されて審査へと進むけれども、あくまでも当初の申請の内容のまま変更を拒むならば「不受理」のまま放置されて、結局許認可はなされない——根負けして申請を取り下げることも少なくない——ため、行政庁の思い通りとなる。こうした「受理」「不受理」を主戦場とする攻防は、「水際作戦」と称された。元々は軍事用語であり、ノルマンディーにせよ仁川にせよ、海上から迫りくる敵を上陸させないように何としても水際で叩くという発想である。行政手続法が制定された背景の一つとして、海外から見てこうした不透明な運用が非常に分かりづら

く、取引上の障壁（非関税障壁）となっているという強い批判があった。

　行政手続法・行政手続条例の制定・施行によって、もはや「水際作戦」は起こり得ないはずなのだが、近年でも、生活保護の申請などでニュースに採り上げられることがある。生活困窮者の訪問に際し、窓口において巧妙に誘導するなどして保護申請をさせないように仕向ける運用が、いまだに行われているというのである [13]。こうした運用は、弁解の余地のない時代遅れの遺物であり、厳に慎まなければならない。

---

(13)　神奈川新聞カナロコ「生活保護巡り誤説明　横浜の区役所窓口、抗議受け謝罪」（2021年3月9日㈫23：56）https://www.kanaloco.jp/news/government/article-425134.html

12 申請と届出の挟間で

① 「届出」なのに諾否の応答が必要？

　ただし、実務上、20世紀の遺物として葬り去られたはずの「不受理」なる言葉が残っている例がある。それが、住民基本台帳法22条に基づく転入届に対する応答の局面である。

○住民基本台帳法（昭和42年法律第81号）

（転入届）

第22条　転入（新たに市町村の区域内に住所を定めることをいい、出生による場合を除く。……）をした者は、転入をした日から14日以内に、次に掲げる事項……を市町村長に届け出なければならない。

一　氏名

二　住所

三　転入をした年月日

四　従前の住所

五　世帯主についてはその旨、世帯主でない者については世帯主の氏名及び世帯主との続柄

六　転入前の住民票コード（転入をした者につき直近に住民票の記載をした市町村長が、当該住民票に直近に記載した住民票コードをいう。）

七　国外から転入をした者その他政令で定める者については、前各号に掲げる事項のほか政令で定める事項

2　略

当該市区町村の区域内に転入してきた以上、住民基本台帳法22条１項各号に定められた要件（形式的要件）を具備していれば役所として拒む権限はなさそうであるが、市区町村長は、当該届出の内容が事実であるかどうかに関して、実質的審査権限を有している（同法施行令11条）。つまり、実際に住んでいない者が転入届を出してきた場合には市区町村長はこれを拒否することが認められており、転入届とは行政手続法にいう「届出」ではなく、行政庁の諾否の応答を要する「申請」なのである。そして、居住の実態が認められないようなとき、市区町村長が転入届を拒否する行為のことを、実務上、「不受理」と呼んでおり、この「不受理」は行政処分とされている（オウム真理教転入届不受理事件：最判平成15年６月26日判時1831号94頁）。それゆえ、「不受理処分」という摩訶不思議な言葉が通用しているのだが、法的にいえば、住民基本台帳法22条の転入届は「申請」（行手法２条３号）であって、「不受理処分」は申請に対する拒否処分にほかならない。したがって、転入届を「不受理」とされた届出者は、審査請求（行政不服審査法２条）や取消訴訟（行政事件訴訟法３条２項）、あるいは申請型義務付け訴訟（同条６項２号）によって、その違法性を争うことが認められる[14]。

　筆者は無闇な言葉狩りは好きではないが、「受理」概念が否定されるまでの永い労苦を思うと、住民にとって最も身近な転入届の実務において「不受理」という不適切な言葉が残っているのは看過することができず、自治体職員の意識改革にとっても弊害が大きい。端的に拒否処分という言葉に改めるよう、早急な立法を望みたい。

---

(14)　実際、最判平成15年６月26日では、被告行政が「地域の秩序が破壊され住民の生命や身体の安全が害される危険性が高度に認められるような特別の事情がある場合には、転入届を受理しないことが許される」と主張したのに対し、裁判所は、「その者に新たに当該市区町村（指定都市にあっては区）の区域内に住所を定めた事実があれば、法定の届出事項に係る事由以外の事由を理由として転入届を受理しないことは許されず、住民票を作成しなければならない」として、この主張を退け、取消請求が認容された。これに対し、都市公園内に設置したテントで起居するホームレスによる転入届の提出については、最判平成20年10月３日判時2026号11頁は、社会通念上、客観的に生活の本拠としての実体を具備しているものと見ることはできないとして、不受理処分の取消請求を棄却している。

② 申請と似ているが応答義務のない「申出」

　申請についても、その派生形（？）というべき概念が存在する。それが、行政庁には応答義務がなく、その職権発動を促すにすぎない行為とされる、「申出」である。たとえば、戸籍法上の出生届がなされると、住民票の記載が行われる実務上の取扱いとなっている。これについては、住民基本台帳法上、出生した子について住民票の記載という職権発動をすることを求める「申出」にすぎず、「申請」には該当しないとされる（最判平成21年4月17日判時2055号35頁参照）。応答義務がないので、行政庁が応答を行わなくとも、申出者は、申請の場合のように、不作為についての審査請求（行政不服審査法3条）、不作為の違法確認訴訟（行政事件訴訟法3条5項）や申請型義務付け訴訟（同条6項2号）を提起することができない（ただし、非申請型義務付け訴訟〔同項1号〕ならば提起することができるので、細かい手続上の差異という以上の違いは見出せないようにも思える）(15)。実定法上の用語として現れる例としては、「処分等の求め」の申出（行手法36条の3第1項）がこれに該当する。

---

(15)　この点に関する考え方は定まったものがなく、法律上、申請の形式が定められている場合には「申請権」とでもいうべき一定程度の権利保障が及ぶのであって、申請者の要望を叶えるべき要請が強いのに対して、そうでない場合（「申出」が規定されているにすぎない場合など）は権利保障の段階が数ランク落ちるという考え方もあるが、申請として定められているか否かについてはその後の手続の過程が異なってくるにすぎず、権利保障の段階に違いはないと考えるべきと思われる。

13 補助金交付の問題

① 契約なのに行政処分？──形式的行政処分──

　用語法が紛らわしい問題を採り上げたついでに、実務的には頻出する問題でありながら、学問的には（一部を除いて）棚上げされがちな議論を行う。それは、補助金交付要綱や補助金交付規則に基づく補助金交付決定（ないし拒否決定）と、申請者に違反事由があった場合の返還決定の法的性質論である。多くの自治体では、補助金の交付について、次のような規則で一般的な定めを置いている（さらに、個別具体の補助金の内容については、補助金交付要綱を設けている）。

> ○東京都補助金等交付規則（昭和37年規則第141号）
> 　（目的）
> 第1条　この規則は、補助金等の交付の申請、決定その他補助金等に係る予算の執行に関する基本的事項を規定することにより、補助金等に係る予算の執行の適正化を図ることを目的とする。
> 　（補助金等の交付の申請）
> 第5条　補助金等の交付に際しては、あらかじめ、補助金等の交付を受けようとする者（以下「申請者」という。）をして、次に掲げる事項を記載した申請書を提出させなければならない。
> 　一　申請者の氏名及び住所（法人にあつては、名称及び所在地）
> 　二　補助事業等の目的及び内容
> 　三　補助事業等の経費の配分、経費の使用方法、補助事業等の完了の予定期日その他補助事業等の遂行に関する計画

四　交付を受けようとする補助金等の額及びその算出の基礎

　　五　その他必要と認める事項

２・３　略

（補助金等の交付の決定）

第６条　前条の補助金等の交付の申請があつたときは、当該申請に係る書類等の審査及び必要に応じて現地調査等により、当該申請に係る補助金等の交付が法令及び予算で定めるところに違反しないかどうか、補助事業等の目的及び内容が適正であるかどうか、金額の算定に誤りがないかどうか等を調査し、補助金等を交付すべきものと認めたときは、すみやかに補助金等の交付の決定をしなければならない。

２　前項の場合において、適正な交付を行うため必要があるときは、補助金等の交付の申請に係る事項につき修正を加えて補助金等の交付の決定をすることができる。

　東京都補助金等交付規則では、補助金等の交付を受けようとする者（申請者）が行政庁に対し補助金等の交付の申請を行い（同規則５条１項）、それに対して行政庁が交付決定を行う（同規則６条１項・２項）という形式が採られている。なんだ、「申請に基づく処分」ではないかと片付けられれば問題は少ないのだが、実はこれがそう簡単ではない。一般に行政処分を行うためには法律ないし条例の根拠が必要であるとされており（大田区ごみ焼却場判決：最判昭和39年10月29日民集18巻８号1809頁）、「要綱」や「規則」は行政処分の根拠とはならないと考えられているのである（ただし、「規則」に基づく行政処分は認められるとする見解も有力である）[16]。それではここで

---

(16)　たとえば、行政手続法３条３項では、「地方公共団体の機関がする処分（その根拠となる規定が条例又は規則に置かれているものに限る。）」と定めるが、これは規則に基づく処分というものが存在することを前提にした規定である。神奈川県などは、補助金交付決定等の行為を処分と捉えているとされる。詳しくは、出口裕明『行政手続条例運用の実務』（学陽書房、1996年）56頁以下。

いう補助金等の交付の申請とそれに対する交付決定（拒否決定）はどのように理解されるかというと、一般には、負担付贈与契約の申込みとそれに対する承諾（拒否）であると考えられている。行政を一方当事者とする契約、いわゆる**行政契約**である。

これに対して、国の交付する補助金は、「補助金等に係る予算の執行の適正化に関する法律」（補助金適正化法、昭和30年法律第179号）の規律を受けるため、補助金等の交付の申請とそれに対する交付決定（拒否決定）は、申請とそれに対する処分として理解される[17]。あまり立法例は多くはないが、補助金等の交付について条例に根拠を置く自治体の場合も、同様に取り扱われる。

同じ行為であるにもかかわらず、その根拠となる法規範次第で法的性質が異なるというのは、かなり驚かれるかもしれない。補助金等の交付は相手方の権利を制限したり義務を課したりする行為ではないので（むしろ何らかの財産的権利を付与する行為である）、法律や条例の根拠が必須なわけではない（地方自治法14条2項参照）。したがって、行政処分という建付けを行っても、行政契約という建付けを行っても、構わないのである。このように、行為の実態は契約関係における申込み―承諾の関係と変わらないにもかかわらず、法律の仕組みとして申請とそれに対する処分の形式を採用している場合があり、**形式的行政処分**と呼ばれる。やっていることは契約なのだが、便宜上、行政処分の衣を纏っているといえば分かりやすいだろうか。

② 手続保障のルートの明確化

それでは、行政処分としての衣を纏わせるメリットとは何か。一言でいうと、手続保障のルートに乗せやすくなることが挙げられる。法的性質が

---

(17) 同法24条の2で行手法の適用が包括的に除外されているが、これは逆に言えば法的性質として行手法の適用を受けるべき「処分」であることを前提にしたものである。

行政処分であると判断されると、補助金交付の申請には行政手続条例における「申請に対する処分」の規定が適用されることになり、補助金交付の申請を審査するに際しては審査基準の設定・公表が義務付けられ、申請から応答に要するまでの標準処理期間の設定・公表の努力義務が課せられ、申請を拒否する際は同時に理由の提示が義務付けられることになる。一旦行われた補助金交付決定を何らかの理由で事後的に取り消す場合には、やはり行政手続条例における「不利益処分」の規定が適用されることになり、次章で説明するように、処分基準の設定・公表について努力義務が課せられるとともに、告知と聴聞を行う義務が課せられ、処分と同時に理由の提示が義務付けられることになる。そればかりではなく、拒否処分に対し申請者が不服を覚えた場合には行政不服審査法に基づく審査請求を行うことが認められるし、裁判所に対して行政事件訴訟法に基づく抗告訴訟として取消訴訟や申請型義務付け訴訟を提起することが認められるということである。

これに対して、法的性質が行政契約であると判断されると、上記の手続保障が当然には及ばないことになる。行政契約について一般的な事前手続を定めた法律・条例はわが国には存在しないからである。

「形式的行政処分」の問題は、補助金交付以外にも、公の施設（地方自治法244条）の利用許可などに関係してくる。公の施設を利用しようとする者は、施設の管理者に対して利用許可を申請し、その許可を得ることが求められるところ、そうした一連の行為の実質をみれば、申請者と施設の管理者との間で賃貸借契約（対価が支払われる場合）ないし使用貸借契約（対価が支払われない場合）が締結されているのと何ら変わりはないからである。したがって、申請者と施設の管理者とのやり取りを「申請とそれに対する許可」としてみるか、「契約の申込みとそれに対する承諾」としてみるかによって、処分か契約かという、法的な評価が分かれることになる。ただし、公の施設の利用申請とそれに対する許可については、各地方公共団体の設置・管理条例の中に処分の根拠規定が置かれているために（公の施設については、

地方自治法244条の２第１項により設置・管理条例を定めることが義務付けられている）、実務・学説とも行政処分であるという理解で争いはない[18]。一連の手続を【行政手続法（条例）―行政不服審査法―行政事件訴訟法の抗告訴訟】のルートに乗せることで、申請者の事前・事後的な手続保障を法的に明確化するという立法政策が採用されたとみることが可能である。

③ 議論の方向性――行政契約と適正手続――

　上記の議論を通じて提起したいのは、法的性質が行政処分であるか行政契約であるかによって、それほどまでに大きく取扱いが異なって良いのかという問題意識である。ひょっとしたら、僅かな性質の違いによって大きく異なる帰結がもたらされることを「法律らしい」と感じられるだろうか。ほら、だから法律を知らないと損をするのですよと、何かのセミナー講師ならば言葉巧みに教材を買わせるところである。自治体の法務担当としては、条例ではなく、要綱や規則に根拠を置くことで、住民の手続保障を手薄にし、訴訟などのルートに乗せないようにすることがむしろ「狙いどおり」かもしれない。しかし、僅かの違いが大きな取扱いの差異を導くことは、国民にとって望ましいと言えるのだろうか。

　第一、法律の専門家からみても、特に規則に基づく補助金交付決定については、行政処分なのか行政契約なのか、自信を持って断言できる事項ではない。最高裁判決が出れば法解釈は統一されるのだが、最高裁の判断も――勝手に予想すると――「規則に基づくものは行政処分であるが要綱に基づくものは行政契約だ」というような明快な判断ではなく、当該事件で問題となった規則なり要綱なりの全体の仕組みに基づく解釈（仕組み解釈）が予想されるので、解釈の問題は燻り続けるはずである。よって、法的性質が行政処分と行政契約のいずれであるかにかかわらず、同じくらいの手

---

(18)　ただし、公の施設の利用関係にも様々なものがあり、実際のところは複雑である。出口・前掲30頁以下。

続保障が及ぶような運用を工夫するのが、良心的な実務というものだろう。

　まず、事後的な救済のルートの話をすると、行政契約だからといって、訴訟で争うことが不可能になるわけではない。行政不服審査法は行政処分（厳密にいうと、「処分性」を備えた行為）にしか適用されないのだが、行政事件訴訟法は、処分性を有しない行為についても、自己の法律上の利益にかかわる事項であれば、当事者訴訟（同法4条）という類型を用意している。補助金交付の「申込み」を拒絶された者は、行政主体を相手取り、契約締結の意思表示を求める訴えであるとか、契約上の地位確認の訴えを提起することが考えられる。ただし、当事者訴訟は「公法上の法律関係に関する」訴えでなければ提起できないので、補助金交付の法的性質が「公法上の法律関係」であることが認められる必要があるが、これについては実務・学説とも一致した見解はない。とはいえ、「公法上の法律関係」でなかったとしても、通常の民事訴訟で同様の訴えを提起することは十分可能なので、本質的な問題ではない。いずれにせよ、行政処分である場合と比べて、プロセスが複雑であることは感じ取っていただけただろうか。

　続いて、事前手続については、行政契約について一般的な手続的ルールを定めた法律・条例はなく、立法上の工夫に委ねられている。この点、川崎市の「補助金交付等に係る事務処理手続要綱」は、一読して分かるように、補助金交付をめぐる一連の手続について、行政手続条例の「処分」には該当しないという前提に立ちながら、行政手続条例の「処分」に準じた手続を保障することを意図したものであり、注目される取組みである。

（7川総行第105号　平成7年12月20日市長決裁）

○川崎市補助金交付等に係る事務処理手続要綱

（準審査基準）

第3条　所管部局長は、申請（要綱等に基づき行われるものをいう。以下同じ。）により求められた交付決定等をするかどうかを判断するために必要とされる基準（以下「準審査基準」という。）を定めるよう努めなければな

らない。

2　所管部局長は、準審査基準を定めるに当たっては、当該交付決定等の性質に照らしてできる限り具体的なものとしなければならない。

3　所管部局長は、特別の支障があるときを除き、事務所における備付けその他の適当な方法により準審査基準を公にしておかなければならない。

（準標準処理期間）

第4条　所管部局長は、申請がその事務所に到達してから当該申請に対する交付決定等をするまでに通常要すべき標準的な期間を定めるよう努めるとともに、これを定めたときは、これらの当該申請の提出先とされている事務所における備付けその他適当な方法により公にしておかなければならない。

（申請に対する審査及び応答）

第5条　所管部局長は、申請がその事務所に到達したときは遅滞なく当該申請の審査を開始しなければならず、申請の形式上の要件に適合しない申請については、申請をした者に対し、相当の期間を定めて当該申請の補正を求め、又は当該申請により求められた交付決定等を拒否しなければならない。

（理由の提示）

第6条　所管部局長は、申請により求められた交付決定等を拒否する場合は、申請者に対し、同時に、当該拒否の理由を示さなければならない。ただし、要綱等に定められた交付決定等の要件又は公にされた準審査基準が客観的指標により明確に定められている場合であって、当該申請がこれらに適合しないことが申請書の記載又は添付書類から明らかであるときは、申請者の求めがあったときにこれを示せば足りる。

2　前項本文に規定する拒否を書面でするときは、同項の理由は、書面により示さなければならない。

（情報の提供）

第7条　所管部局長は、申請者の求めに応じ、当該申請に係る審査の進行状

況及び当該申請に対する交付決定等の時期の見通しを示すよう努めなければならない。

2　所管局部長は、申請をしようとする者又は申請者の求めに応じ、申請書の記載及び添付書類に関する事項その他の申請に必要な情報の提供に努めなければならない。

（返還命令等の基準）

第8条　所管局部長は、返還命令等をするかどうか又はどのような返還命令等とするかについてその要綱等の定めに従って判断するために必要とされる基準（次項において、「準処分基準」という。）を定め、かつ、これを公にしておくよう努めなければならない。

2　所管局部長は、準処分基準を定めるに当たっては、当該返還命令等の性質に照らしてできる限り具体的なものとしなければならない。

（理由の提示）

第9条　所管部局長は、返還命令等をする場合には、その名あて人に対し、同時に、当該返還命令等の理由を示さなければならない。ただし、当該理由を示さないで返還命令等をすべき差し迫った必要がある場合は、この限りでない。

2　所管部局長は、前項のただし書の場合においては、当該名あて人の所在が判明しなくなったときその他返還命令等の後において理由を示すことが困難な事情があるときを除き、返還命令後相当の期間内に、同項の理由を示さなければならない。

3　返還命令等を書面でするときは、前2項の理由は、書面により示さなければならない。

すなわち、同要綱は、申請に対し交付決定をするかどうかを判断するための基準としての「準審査基準」の設定・公表の努力義務（同要綱3条）、準標準処理期間の設定・公表の努力義務（同要綱4条）、拒否する場合の理由の提示（同要綱6条）を課す。補助金の返還命令については不利益処分に準

じた手続保障が要請されなければならないという思考の下に、返還命令を
するかどうか、又はどのような返還命令をするかについて判断するために
必要とされる基準（準処分基準）の設定・公表の努力義務を課すとともに、
返還命令に際して理由の提示を行うことを要求している（同要綱9条）。補
助金交付をめぐる一連の手続が行政処分か行政契約であるかという性質決
定をもってその後の一連の手続の帰趨に大きな差異をもたらすのではな
く、その実質に鑑みて、可能な限り同等の手続保障を及ぼさなければなら
ないという発想であり、高く評価すべきである。

第3章

不利益処分

1 総説

　行政庁が直接に国民の権利を制限し、または義務を課す処分のことを、**不利益処分**と呼ぶ（行手法2条4号）。一般的な業法規制にみられる業務改善命令、営業停止命令、営業許可の取消処分のほか、所得税の更正・決定（所得税法154条以下）などの課税処分（ただし、課税処分は特則で行政手続法が適用除外とされていることがほとんどである）、違法建築物の除却命令（建築基準法9条1項）を思い浮かべると良い。さらに、一般に監督処分とか措置命令などと総称される、行政庁が事業者の活動をコントロールするタイプの行政処分も、不利益処分に分類される。以下、処分基準、告知と聴聞（聴聞と弁明の機会の付与）、理由の提示に分けて説明する。

2 処分基準

① 概要

　行政庁が不利益処分を下す場合、そもそも処分をするかどうか、または
どのような内容の処分をするかについてあらかじめ内部の基準が設けられ
ていれば[1]、①行政庁の恣意的な判断を防ぐことが可能となるし、処分の
名宛人（となるべき者）[2]にとっても、いかなる行為をしないように気を付
けていれば良いのか明らかになるので、②予測可能性が保障される。そこ
で、行政手続法は、行政庁に対して、不利益処分をするかどうか、またいか
なる不利益処分をするかについて判断するための基準をあらかじめ設定し
公表する努力義務を課した。この基準が処分基準である（行手法2条8号
ハ・12条1項）。

　処分基準の設定・公表が求められる趣旨は、審査基準の場合と同様、①
行政庁の恣意的判断の抑制と②**名宛人にとっての予測可能性の保障**にあ
る。ただし、審査基準において念頭に置かれるのが「何をすれば申請が通
るか」というポジティブな予測可能性であったのに対し、処分基準の場合
には、「何をしなければ不利益処分が下されないか」というネガティブな予
測可能性が問題となる点で異なる（→第2章33頁）。

　不利益処分の場合は、名宛人の権利を制限し、あるいは義務を課す処分

---

(1)　効果裁量のうち、決定裁量・選択裁量と呼ばれる事項である。詳しくは、板垣勝彦『公務員
　をめざす人に贈る行政法教科書〔第2版〕』（法律文化社、2023年）19頁以下。
(2)　法律用語としては、「名あて人」とされていたが、令和5年の法改正で「名宛人」へと改めら
　れた。本書では法律や判例の引用を除き、「名宛人」で統一する。「相手方」というのも同じ意
　味である。

であるという点で、申請に対する処分のとき以上に透明性の確保が関心事となる。「透明性」とは、「行政上の意思決定について、その内容及び過程が国民にとって明らかであること」（行手法1条1項）を指し、とりわけ裁量判断の過程を明確にすることが重要である。行政庁は、自身が設定・公表した処分基準の内容からあまりにかけ離れた判断をすることは許されないので（行政の自己拘束）、国民には、処分の根拠法規及び処分基準に抵触しないようにさえ気を付けていれば、不利益処分を下されることはないという安心感が生まれる。

　その他、自治体職員にとっても、③不利益処分を下す際に、処分基準に従っていれば、先例・類例や他の担当職員とバランスのとれた運用を行うことが可能となる点（公正性・公平性の確保）、④処分基準を事前に設定・公表しておけば、理由の提示を格段にやりやすくなる点（説明責任のアシスト）も、審査基準の場合と共通である。

② 設定・公表が努力義務である理由

　行政庁が内部で定めた裁量基準という点で、審査基準と処分基準は非常に似ている。ただし、処分基準の設定・公表は、審査基準の場合とは異なり、努力義務にとどめられている。名宛人に与える影響の重大性に鑑みれば、審査基準よりも処分基準の方が予測可能性の見地から設定・公表の要請が高いはずなのに、不可解にも思われる。

　処分基準の設定については、(1)不利益処分の実例が少なく、基準を設定するほどの蓄積がないこと、公表については、(2)あらかじめ行政の手の内を知らせてしまうと、巧みに処分基準をすり抜ける者が現れかねないことが、努力義務にとどめられた理由とされる。

　まず、(1)については、ATMのシステム障害を起こした大手銀行が金融庁長官から業務改善命令（銀行法26条1項・59条1項）を下された一件が大きく報じられることからも分かるように、「不利益処分を下されること」自体が非日常的な、珍しい事件である（それにしてはATMのトラブルは定期的

に起きている気がするが)。審査基準の対象となる［申請―応答］のプロセスが、日常的な、いわばルーティンの業務であるのに対して、処分基準の対象となる不利益処分は、一部の例外を除いてそうお目にかかれるものではない。非日常的な出来事に対して定型的な基準を立てることは難しく、もし基準を定立すると、その基準に縛られることになって、柔軟な運用が難しくなるということが、立案段階で処分基準の設定が努力義務とされた根拠であった。

　続いて、(2)についてみると、たとえば都道府県知事が行う産業廃棄物処理業の許可業者に対する事業停止命令（廃棄物処理法14条の3・14条の6）の処分基準は、「廃棄物の不法投棄を行ったのが一定期間内において1回目ならば口頭注意、2回目ならば厳重注意、3回目ならば事業停止10日間」といった内容になっている。このとき、真っ当な者であれば、一度でも不法投棄を行ってはいけないと肝に銘じて処理業に従事するのだが、許可業者の中には、こうした処分基準を示されると、「それならば2回目までなら事業停止命令が下されないのだな」と高を括るものが必ず存在する。大学で授業していると非常に理解できることで、「この授業では5回欠席したら単位認定しない」と言うと、地球人は一度も欠席しないように気を付けるのだが、100人いると3〜4人は、「それならば4回までは欠席しても大丈夫なのだな」と考える異次元人が紛れ込んでいる。そして、法律というのは、性悪説に立って、この3〜4％の侵略者に対処するために制定しなければならないというのが、処分基準の公表が努力義務にとどめられた理由である。殺人罪の処罰規定がなくとも、他人を殺めようとはしないし、行政指導で済まされるといっても、普通は不法投棄など行わないのだが、残念な思考回路・行動原理をもつ者がいるとそれに対応する必要が出てくる。

　そうはいっても、せめて処分基準の設定くらいは可能な限り行っておいてほしいものである。道路交通法103条、同法施行令38条5項と別表第3が採用する自動車運転免許の停止・取消処分の点数制のように、処分基準に相当するルールが極めて明確に設定・公表されている場合も存在する。

これは違反者にとっての予測可能性の保障というよりは、むしろ取り締まる側の便宜の要請が強い。というのも、北海道から九州・沖縄まで、交通反則金の納付通告を受けるドライバーの数は1日当たり何百人、何千人単位に上る[(3)]。さらに、交通ルールへの違反の場合、違反の態様を定型化することも容易である。暴走族が自己の快楽のみを追求した速度違反でも、病気の子どもを少しでも早くマイカーで病院に送り届けるための速度違反でも（救急車を呼ぶことはできなかったものとする）、事情の如何を問わず制限速度の30km/hオーバーは30km/hオーバーであるし、信号が黄色から赤に変わる瞬間を間に合うかと思って滑り込ませた信号無視も、赤信号を完全に無いもののごとく突っ切った悪質な信号無視も、取扱いは変わらない。このように、交通ルールへの違反は、処分の名宛人が大量に発生し、かつ違反の態様を定型的に評価することが可能である——本当に可能かどうかはともかく——ことから、警察としても公正・公平に対処する必要性が高く、全国一律の処分基準を設けて運用することが合理的なのである。

○**道路交通法**（昭和35年法律第105号）

第103条　免許……を受けた者が次の各号のいずれかに該当することとなったときは、その者が当該各号のいずれかに該当することとなった時におけるその者の住所地を管轄する公安委員会は、政令で定める基準に従い、その者の免許を取り消し、又は6月を超えない範囲内で期間を定めて免許の効力を停止することができる。……

　一～四　略

　五　自動車等の運転に関しこの法律若しくはこの法律に基づく命令の規定又はこの法律の規定に基づく処分に違反したとき……

---

(3)　なお、交通反則金の納付通告自体を取消訴訟で争うことはできないというのが、判例（最判昭和57年7月15日民集36巻6号1169頁）の立場である。したがって、反則行為とされた原因事実の有無について争いたい場合には、あえて反則金を納付せずに公訴の提起を受けて、刑事被告人として裁判で争う以外にない。板垣・行政法教科書111頁。

六～八　略

2～10　略

○**道路交通法施行令**（昭和35年政令第270号）

第38条

1～4　略

5　免許を受けた者が法第103条第1項第5号から第8号までのいずれかに
　該当することとなった場合についての同項の政令で定める基準は、次に掲
　げるとおりとする。

　一　次のいずれかに該当するときは、免許を取り消すものとする。

　　イ　一般違反行為をした場合において、当該一般違反行為に係る累積点
　　　数が、別表第三の一の表の第一欄に掲げる区分に応じそれぞれ同表の
　　　第二欄、第三欄、第四欄、第五欄又は第六欄に掲げる点数に該当した
　　　とき。

　　ロ　別表第四第1号から第3号までに掲げる行為をしたとき。

　二　次のいずれかに該当するときは、免許の効力を停止するものとする。

　　イ　一般違反行為をした場合において、当該一般違反行為に係る累積点
　　　数が、別表第三の一の表の第一欄に掲げる区分に応じそれぞれ同表の
　　　第七欄に掲げる点数に該当したとき。

　　ロ　別表第四第4号に掲げる行為をしたとき。

　　ハ　法第103条第1項第8号に該当することとなったとき。

別表第3（第33条の2、第34条の3、第37条の8、第38条、第40条関係）

　一　一般違反行為をしたことを理由として処分を行おうとする場合におけ
　　る当該一般違反行為に係る累積点数の区分

第一欄	第二欄	第三欄	第四欄	第五欄	第六欄	第七欄
前歴がない者	45点以上	40点から44点まで	35点から39点まで	25点から34点まで	15点から24点まで	6点から14点まで
前歴が1回である者	40点以上	35点から39点まで	30点から34点まで	20点から29点まで	10点から19点まで	4点から9点まで

前歴が2回で ある者	35点以上	30点から 34点まで	25点から 29点まで	15点から 24点まで	5点から 14点まで	2点から 4点まで
前歴が3回以 上である者	30点以上	25点から 29点まで	20点から 24点まで	10点から 19点まで	4点から 9点まで	2点又は 3点

③ その他の問題

　設定・公表が努力義務であること以外は、行政の自己拘束、裁量審査における「二段構え」の審査が予定されること、個別事情の考慮義務など、処分基準について考えるべき事項は審査基準と同じである（個別事情の考慮義務については、特に効果裁量の際に名宛人の情状を考慮するという文脈で登場する）。

　審査基準の場合には、設定・公表を欠くことがそれに従って行われた処分の重大な瑕疵となると述べたけれども（→第2章44頁）、処分基準の場合には設定・公表が努力義務であるから、設定・公表に努力を尽くした（しかし結果としては果たせなかった）ことさえ説明できれば、設定・公表の欠如が違法と評価されることはない。

　処分基準の策定において意見公募手続が求められる点も、審査基準と同じである。ただし、処分基準の場合は公表が努力義務であるので、設定の過程で意見公募手続を行いながら、最終的に完成した処分基準の内容を詳細まで全ては明らかにしないということも起こり得る。とはいえ、意見公募手続まで行って設定した処分基準については、多くの場合、公表が行われることが期待される。立法段階で努力義務にとどめられたとはいえ、国民の予測可能性を保障する見地からは、やはり可能な限り処分基準は設定・公表されることが望ましいからである。

　それにしても、処分基準は公表例が少なく、いざ設定しようにもどのような内容にすれば良いか途方に暮れることと思われる。本書の巻末には、筆者も策定に携わった「指定介護サービス事業所等に対する「監査マニュアル（仮称・案）」」について、「処分基準の考え方の例」を収録したので、参考にしていただきたい。

① 意義

以前に触れたように（→第1章7頁）、適正手続の原則は、一般には、①告知と聴聞、②文書の閲覧、③基準の設定・公表、④理由の提示の4つからなる。そのうちの**①告知と聴聞**と**②文書の閲覧**について関係するのが、**聴聞と弁明の機会の付与**である。

すなわち、行政庁が不利益処分をしようとする場合、処分の程度が重いときは「名宛人となるべき者」に対し聴聞を行わなければならず[4]、処分の程度が軽いときは弁明の機会を付与しなければならない（行手法13条1項）。いかなる処分が下されようとしているのかについて告知し、十分に事情を聴収することなしに、不利益処分を下すことは許されないのである。①告知と聴聞は、処分の「名宛人となるべき者」の権利保障に資するだけではなく、客観的な真実に近づくためにも不可欠な手続であり、行政の事前手続の中核をなす。

次に、聴聞においては、当事者や利害関係人に対して[5]、行政庁が行った事案についての調査結果の調書その他不利益処分の原因となる事実を証する資料について、閲覧が認められている（行手法18条1項）。**②文書の閲覧**が認められる趣旨は、行政庁が不利益処分の調書等を捏造したような場合においても、当事者や利害関係人にその閲覧権が保障されていれば、調書

---

[4]　まだ処分が行われていないので、「名宛人」そのものではなく、あくまでも「名宛人となるべき者」なのである。立案担当者の細かさを看取していただきたい。

[5]　不利益処分について告知（通知）が行われた後については、処分の「名宛人となるべき者」は「当事者」へと昇格（？）する（行手法16条1項）。

の矛盾点を指摘することで（証拠の弾劾）、でっち上げの原因事実に基づき不利益処分が下されることを未然に阻止できるためである。

適正手続の保障は憲法31条から導かれる法原理であること[6]、その意義は、**(1)客観的真実の追求**、**(2)個人の尊厳**、**(3)社会全体の利益**、**(4)功利主義的な根拠付け**に求められるほか、**(5)手続を遵守することそれ自体に意義を見出す考え方**があることは、前述した（→第1章11頁）。

② 告知の内容

「告知と聴聞」というくらいなので、まずは予定された処分について、当事者・利害関係人に告知を行う必要がある。その内容は聴聞でも弁明の機会の付与でも基本的に同様であり（行手法15条・30条）、㋐予定される不利益処分の内容、㋑不利益処分の根拠法令、㋒不利益処分の原因事実を通知しなければならない点は、両者に共通する（「理由の提示」とも大きく重なり合う）。聴聞を行う場合には、これに加えて㋓聴聞の期日・場所や㋔聴聞に関する事務を所掌する組織の名称・所在地を通知する必要がある。弁明の機会の付与については、㋓㋔に代えて、㋕弁明書の提出先・提出期限を通知することになる。

食中毒を起こした飲食店に対する営業停止命令であれば、㋐営業停止3日間の処分、㋑食品衛生法60条1項、㋒令和3年6月10日午後5時過ぎに当該店舗で販売されたイカの塩辛が連日の暑さで腐敗しており、これを食した3人の客が病院で2日間の入院加療を要した、という具合である。

ニコニコタクシー事件に係る大阪地判昭和55年3月19日行集31巻3号483頁は、「利害関係人は、取消等の処分原因となるべき違反事実が告知されなければ、聴聞で適切な意見を十分述べ、証拠を提出することができな

---

(6) その根拠には、憲法31条説、13条説、31条・13条併用説、手続的法治国説などがある。最高裁は憲法31条説に立っている。宇賀克也『行政法概説Ⅰ〔第8版〕』（有斐閣、2023年）489頁。

い」とした上で、手探りの主張・立証は極めて困難な事柄であるから、「被処分者の利益を保護し、その関与のうえで正しい事実認定と判断をさせようとする聴聞の趣旨が没却される」として、原因事実の告知を欠いた聴聞の瑕疵が不利益処分の取消事由になると判断した。

　上記の例でいえば、聴聞の当日になって突然、ネギトロ丼に病原性大腸菌が混入していたという原因事実に基づき処分を下す件について審理することは許されないことになる。食中毒の起きた日時や場所（店舗）が異なる場合も同様である。異なる原因事実に基づき処分を下すのならば、告知をもう一度やり直してからでなければいけない。

③ 聴聞と弁明の機会の具体的な手続と使い分け

　聴聞は正式な手続であり、弁明の機会は略式の手続であるといわれる。その使い分けについては、聴聞が許認可の取消し（行手法13条1項1号イ——講学上の「職権取消し」、「撤回」のいずれにおいても同様である）、資格・地位の剥奪（同号ロ）、法人の役員の解任（同号ハ）など、名宛人の地位をご破算にするような場合に求められるのに対し、それに至らない不利益処分のときは弁明の機会で足りるとされる（同項2号）。営業停止命令は弁明の機会の付与で足りるのに対して、営業許可の取消しには聴聞を行う必要があると覚えるのが良い。

　両者の手続上の最大の違いは、弁明の機会が原則として書面審理であるのに対して、聴聞では書面の提出に加えて口頭審理まで実施される点である。したがって、「弁明の機会」とはいっても、弁明書と証拠書類等を提出してそれでお終いということになる（行手法29条1項・2項——なお、行政庁が認めた場合には、口頭意見陳述を実施しても構わない）。処分の程度が軽い場合は簡略な手続で足りるけれども、処分の程度が重い場合は慎重な手続が要請されるという趣旨である。

口頭審理においては、主宰者が重要な役割を有する（行手法19条１項）[7]。主宰者は、聴聞の期日において当事者・参加人に対し質問を発し、意見の陳述や証拠書類等の提出を促し、行政庁の職員に対し説明を求めることができる（行手法20条４項）。行政庁から「一歩引いた」比較的公正・中立な立場で手続を執り行うのが、その務めである。主宰者は聴聞の審理の経過を記載した聴聞調書を作成するとともに、不利益処分の原因事実に対する当事者の主張に理由があるか否かに関する主宰者の意見を記載した報告書を作成し、行政庁に提出する（行手法24条１項・３項）。行政庁が不利益処分の決定をするときは、聴聞調書と報告書を十分に参酌した上でこれを行わなければならず（行手法26条）、もしも主宰者と異なる見解を採る場合には、不利益処分に付される理由の中で説得力のある見解を示さなければならない（行手法14条１項）[8]。

　また、調査結果の調書の閲覧も、聴聞においてのみ保障された権利である（行手法18条１項）[9]。しかし、飲食店の営業停止命令などは、たとえ１日の処分であっても名宛人の営業に重大な効果を及ぼすものであることを考えると、弁明の機会の手続においても、運用上、可能な限り調書の閲覧を認めていく必要がある（条例で弁明の機会においても調書の閲覧を認めたものとして、大阪府行政手続条例29条）。

　自治体実務、特に市町村において、聴聞はかなり珍しい手続である。法律上、許可の取消しを含めた監督処分の権限が付与されているのは省庁の地方支分部局の長かあるいは都道府県知事（政令指定都市の長を含む）であることが多いのと、それに加えて、許認可の取消しや資格・地位の剥奪と

---

[7]　なお、主宰者には一定の除斥事由が定められているが、当該不利益処分の案件について行政庁において関与した職員については、含まれていない。しかし、聴聞の中立性を確保するためには、運用上、こうした職員は主宰者から外すべきである。宇賀・前掲498頁。

[8]　平成26年の行政不服審査法改正で導入された審理員（同法９条）と審理員意見書（同法42条）の仕組みは、聴聞における主宰者―報告書をモデルとしたものとされる。

[9]　閲覧だけでなく謄写まで認めるべきという立法論も根強い。神奈川県行政手続条例39条は、当事者に対し、写しの交付請求権まで認めている。

	対象となる処分	審理の方法	調書の閲覧
聴聞	許認可の取消し、資格・地位の剥奪	書面審理＋口頭審理	認められる
弁明の機会	相対的に軽微な不利益処分（業務停止、業務改善命令など）	書面審理	認められない

いう処分自体が極めて少ないという事情も、希少性に拍車をかけている。また、聴聞期日に欠席したり、書面の内容を述べるだけで済ませる名宛人も少なくない。許可取消しに至るほど重大な違反を犯してしまったので、もはや諦めムードなのかもしれない。したがって、聴聞に関係する職務上のノウハウ、特に主宰者としての経験などは、貴重な記録として何らかの形で残しておくべきである[10]。

　むろん、手続保障が手厚いに越したことはないから、行政手続法13条1項1号イ・ロ・ハにおいて法定されている場合以外でも、行政庁が相当と認めるときには、聴聞を行うことは差し支えない（同号ニ）。

　許認可の取消しや資格・地位の剥奪など、名宛人の地位をご破算にするような重大な場合には聴聞が義務付けられ、それに至らない場合には弁明の機会で足りるとはいっても、判断に悩むときがある。たとえば、建築基準法9条1項では、特定行政庁が違法建築物の所有者等に対して除却、移転、改築、増築、修繕、模様替、使用禁止、使用制限といった措置命令を発することを認めているが、この場合、聴聞と弁明の機会はいかにして使い分けるのが適切だろうか。除却命令の場合は聴聞で、そうでない場合には弁明の機会になるようにも思われるが、きちんと建築基準法9条2項以下に特則が設けられているので、安心していただきたい。すなわち、特定行

---

(10)　なお、介護サービス事業者への監督については、介護報酬の不正請求や人員基準・運営基準違反を理由として比較的指定取消し（介護保険法77条1項）が行われる領域である。

政庁は、第1項の措置を命じようとする場合においては、あらかじめ、その措置を命じようとする者に対して、その命じようとする措置及びその事由並びに意見書の提出先及び提出期限を記載した通知書を交付して、相手方に意見書及び自己に有利な証拠を提出する機会を与えなければならない（同条2項）。また、特定行政庁は、相手方から請求があった場合には、意見書の提出に代えて公開による意見の聴取を行うことが義務付けられる（同条3項～6項）。通知書の交付が「告知」であり、意見書及び証拠の提出が「弁明の機会」、公開による意見の聴取が略式の「聴聞」に相当すると考えてよい。「空家等対策の推進に関する特別措置法」（空家特措法）22条4項以下でも、市町村長が除却命令などの措置命令を発するときに、同じような事前手続を執ることが定められている。市町村実務において口頭審理が行われるのはこの局面であろう。

④ 行政手続法の特則

こうした手続の特則において決まって見かけるのが、「第……項の規定による命令については、行政手続法……第3章（第12条及び第14条を除く。）の規定は、適用しない。」といった規定である（建築基準法9条15項、空家特措法22条15項）。「行政手続法第3章」とは不利益処分の規定であり（第2章は、「申請に対する処分」の規定である）、処分基準（第12条）と理由の提示（第14条）については一般則に従うけれども、告知と聴聞については、個別法規ごとの特則に従うべしということになる。告知と聴聞に関する特則が多いので、便宜上、本項で説明する。

国税通則法74条の14は、「国税に関する法律に基づき行われる処分その他公権力の行使に当たる行為……については、行政手続法第2章（申請に対する処分）（第8条（理由の提示）を除く。）及び第3章（不利益処分）（第14条（不利益処分の理由の提示）を除く。）の規定は、適用しない。」として、理由の提示を除いて大幅に行政手続法の適用除外を定めている。国税に関する処分については、審査基準・処分基準に相当するルールが膨大かつ詳細に定

められているため、あらためてこれらの基準の設定・公表義務を課す必要はない。また、告知と聴聞については、大量かつ迅速に事務処理をする必要から、更正（国税通則法24条）や決定（同法25条）については税務署長の調査だけで行うことを認めて、相手方からの不服は審査請求や取消訴訟で事後的に存分に争ってもらおうという構造がとられている（行手法13条2項4号も参照）[(11)]。

　さらに進んで、行政手続法第2章及び第3章を包括的に適用除外している場合もある。審査基準・処分基準の設定・公表、告知と聴聞、理由の提示について、すべて行政手続法の一般則とは異なる定めを置くわけである。これには2つの方向性があり、行政手続法の定めよりも手厚い行政審判などの仕組みを設けたために適用除外とした場合（土地収用法128条の2）もあれば、全く正反対で、緊急性が高いことを理由に適用除外とされた場合もある（成田新法3条1項・8条）。後者の場合、憲法上の適正手続の保障への違反が問題となるのは、既述のとおり（成田新法事件：最大判平成4年7月1日民集46巻5号437頁）。行政手続法自身、緊急の必要性がある場合には、聴聞や弁明の機会の付与の手続を省略することができる局面を想定している（行手法13条2項）[(12)]。

　この点、「補助金等の交付に関する各省各庁の長の処分については、行政手続法……第2章及び第3章の規定は、適用しない。」（補助金適正化法24条の2）という定めは[(13)]、後者に属する規定であるが、だからといって、補助

---

(11)　なお、犯則事件の調査については、もともと行政手続法3条1項6号で包括的に適用除外が定められており、国税通則法131条以下で詳細な事前手続が規定されている。
(12)　個別法では、建築基準法9条7項、「暴力団員による不当な行為の防止等に関する法律」35条1項のように仮の命令を出す場合において事前の意見聴取に代えて事後の意見聴取を規定する例、医療法30条のように緊急の必要性から意見陳述の手続を執らずに不利益処分を行った場合について事後的にせよ弁明の機会の付与を義務付けた例も存在する。高橋正人『行政裁量と司法審査論』（晃洋書房、2019年）233頁以下。
(13)　抗告訴訟の対象となる「処分性」の判定（行政事件訴訟法3条2項──行政不服審査法1条2項において同じ）においては、補助金適正化法24条の2のような定めは、「各省各庁の長の処分」が、その性質上は（行政手続法上の）「処分」に該当することを法律自身が認めた

金適正化法に規定された手続さえ履践すれば、それで手続上の義務を果たしたと判断するのは早計である。たとえば、補助金適正化法は交付決定の取消しや返還命令に際し理由の提示を義務付ける（同法21条の2）にとどまり、告知と聴聞については何ら規定していない。しかし、立法者が、同法に基づくあらゆる不利益処分について一切の告知と聴聞を不要とした趣旨であるとは思われない。告知と聴聞の規定が置かれていないのは、行政庁が膨大な量の補助金事務を遂行する上で、交付決定の取消しや返還命令に際し逐一聴聞や弁明の機会を保障すると、職員の人手が足りなくなり、職務全体の遂行に支障を来すことによるものと考えられる[14]。最大判平成4年7月1日は、行政手続は行政目的に応じて多種多様であることから、行政処分の相手方に事前の告知、弁解、防御の機会を与えるかどうかは、行政処分により制限を受ける権利利益の内容、性質、制限の程度、行政処分により達成しようとする公益の内容、程度、緊急性等を総合較量して決定されるべきものであると述べた。したがって、相手方にとって制限される権利利益の内容・性質が重要であり、制限の程度が大きく、特に緊急性を要しないような場合には、法律で定められていなくとも告知と聴聞を行うべきというのが、憲法上の適正手続の要請であるといえよう。

　手がかりであって、問題なく処分性が認められるという文脈で登場する。
(14)　生活保護法62条5項において、本来聴聞が行われるべき同条3項の保護廃止決定の事前手続を弁明の機会の付与にとどめたことと同趣旨と考えられる。

4 理由の提示の趣旨

　行政庁が不利益処分をする場合には、名宛人に対し、同時に当該処分の理由を示さなければならない（行手法14条1項）。不利益処分を書面でするときには、理由もまた、書面において示す必要がある（同条3項）。**理由の提示**が求められる趣旨は、申請に対する拒否処分の場合（同法8条1項）と基本的に同様であり、①行政庁の判断の慎重・合理性を担保してその恣意を抑制するとともに、②処分の理由を名宛人に知らせて不服の申立てに便宜を与えることにある。

　前記のとおり（→第2章53頁）、**①行政庁の恣意的判断の抑制**については、客観的にみて適切に説明することができない根拠に基づいて不利益処分を下してはならないとする制約を課すことで、行政庁に対し、不利益処分を下すか否か（決定裁量）、下すとしていかなる程度の処分とするか（選択裁量）について、十分な検討を行うことを間接的に求めていく趣旨である。その際に問題となるのは、不利益処分の処分要件に適合するか否かの判断（場合によっては、要件裁量が認められる）と、与えられた選択肢の中で、いかなる処分を選択するかの判断（多くの不利益処分について、決定裁量・選択裁量をあわせた効果裁量が認められている）であり、行政庁には、自身の策定した処分基準に照らして慎重を重ねた考慮を行った上で、合理的な判断を下す義務が課せられる。

　次に、**②不服申立ての便宜**というのは、名宛人が審査請求や取消訴訟を提起して不利益処分の違法性を主張するときに、一体自分はいかなる理由によって不利益処分がなされたのかを知ることができれば、処分の違法性を主張する手がかりとなり、非常に役立つという趣旨である。審査請求や取消訴訟になれば、いずれ行政庁から拒否処分の理由は示されるのだが、

処分と同時に理由が示されるのでないと、それまで名宛人は手探りで反論の準備を進めなければならず、無駄が大きい。不服申立ての便宜には、早い段階で不利益処分の理由を示すことで、争点を明確にし、名宛人と行政庁とで噛み合った議論を展開してほしいという訴訟経済上の意図が込められている。

○理由の提示の趣旨
① 行政の恣意的判断の抑制
② 不服申立ての便宜

5 一級建築士免許取消処分事件

① 事案

　現在の判例法理を形成しているのは、一級建築士免許取消処分に係る最判平成23年6月7日民集65巻4号2081頁である。複数のマンションにおいて違反設計を繰り返したなどとして国土交通大臣から一級建築士免許取消処分を受けたXが、国（Y）を被告として、その取消しを請求した。問題となった処分の理由は、『あなたは、北海道札幌市中央区《番地略》……を敷地とする建築物の設計者として、建築基準法令に定める構造基準に適合しない設計を行い、それにより耐震性等の不足する構造上危険な建築物を現出させた。また、北海道札幌市東区《番地略》……を敷地とする建築物の設計者として、構造計算書に偽装が見られる不適切な設計を行った。このことは、建築士法第10条第1項第2号及び第3号に該当し、一級建築士に対し社会が期待している品位及び信用を著しく傷つけるものである。』というものであった。

> ○建築士法（昭和25年法律第202号）
>
> （懲戒）
>
> 第10条　一級建築士、二級建築士又は木造建築士が次の各号の一に該当する
> 　場合においては、免許を与えた国土交通大臣又は都道府県知事は、戒告を
> 　与え、1年以内の期間を定めて業務の停止を命じ、又は免許を取り消すこ
> 　とができる。
>
> 　一　略
>
> 　二　この法律若しくは建築物の建築に関する他の法律又はこれらに基づく

命令若しくは条例の規定に違反したとき。
　　三　業務に関して不誠実な行為をしたとき。
　2～5　略

② 判旨

　原審が請求を棄却したのに対して、最高裁は次のように述べて破棄自判
し、Xの請求を認容した（傍線筆者）。

　「行政手続法14条1項本文が、不利益処分をする場合に同時にその理由を名宛
人に示さなければならないとしているのは、名宛人に直接に義務を課し又はその
権利を制限するという不利益処分の性質に鑑み、行政庁の判断の慎重と合理性を
担保してその恣意を抑制するとともに、処分の理由を名宛人に知らせて不服の申
立てに便宜を与える趣旨に出たものと解される。そして、同項本文に基づいてど
の程度の理由を提示すべきかは、上記のような同項本文の趣旨に照らし、当該処
分の根拠法令の規定内容、当該処分に係る処分基準の存否及び内容並びに公表の
有無、当該処分の性質及び内容、当該処分の原因となる事実関係の内容等を総合
考慮してこれを決定すべきである。」

　「この見地に立って建築士法10条1項2号又は3号による建築士に対する懲戒
処分について見ると、同項2号及び3号の定める処分要件はいずれも抽象的であ
る上、これらに該当する場合に同項所定の戒告、1年以内の業務停止又は免許取
消しのいずれの処分を選択するかも処分行政庁の裁量に委ねられている。そし
て、建築士に対する上記懲戒処分については、処分内容の決定に関し、本件処分
基準が定められているところ、本件処分基準は、意見公募の手続を経るなど適正
を担保すべき手厚い手続を経た上で定められて公にされており、しかも、その内
容は、……多様な事例に対応すべくかなり複雑なものとなっている。」

　「そうすると、建築士に対する上記懲戒処分に際して同時に示されるべき理由
としては、処分の原因となる事実及び処分の根拠法条に加えて、本件処分基準の
適用関係が示されなければ、処分の名宛人において、上記事実及び根拠法条の提

示によって処分要件の該当性に係る理由は知り得るとしても、いかなる理由に基づいてどのような処分基準の適用によって当該処分が選択されたのかを知ることは困難であるのが通例であると考えられる。これを本件について見ると、……本件免許取消処分はXの一級建築士としての資格を直接にはく奪する重大な不利益処分であるところ、その処分の理由として、Xが、札幌市内の複数の土地を敷地とする建築物の設計者として、建築基準法令に定める構造基準に適合しない設計を行い、それにより耐震性等の不足する構造上危険な建築物を現出させ、又は構造計算書に偽装が見られる不適切な設計を行ったという処分の原因となる事実と、建築士法10条1項2号及び3号という処分の根拠法条とが示されているのみで、本件処分基準の適用関係が全く示されておらず、その複雑な基準の下では、Xにおいて、上記事実及び根拠法条の提示によって処分要件の該当性に係る理由は相応に知り得るとしても、いかなる理由に基づいてどのような処分基準の適用によって免許取消処分が選択されたのかを知ることはできないものといわざるを得ない。このような本件の事情の下においては、行政手続法14条1項本文の趣旨に照らし、同項本文の要求する理由提示としては十分でないといわなければならず、本件免許取消処分は、同項本文の定める理由提示の要件を欠いた違法な処分であるというべきであって、取消しを免れないものというべきである。」

③ 理由の提示において考慮されるべき判断要素

　本判決で重要なのは、不利益処分を行う際に行政手続法14条1項が要求する「理由の提示」の程度について、(A)当該処分の根拠法令の規定内容、(B)当該処分に係る処分基準の存否及び内容並びに公表の有無、(C)当該処分の性質及び内容、(D)当該処分の原因となる事実関係の内容等という具体的な判断要素を摘示しつつ、これら諸般の事情を総合考慮して決定されなければならないことを表明した点にある[15]。

---

(15)　詳細は、板垣勝彦『住宅市場と行政法─耐震偽装、まちづくり、住宅セーフティネットと法─』（第一法規、2017年）106頁以下。

(A)「当該処分の根拠法令の規定内容」は、法令の規定ぶりが処分の発動要件を一義的明確に定めているような覊束(きそく)的なものである場合には、求められる理由の提示の程度は相対的に低くなるが、法令の規定ぶりが概括的かつ抽象的で、行政庁に裁量の余地が多く認められる場合には、おのずと求められる理由の提示の程度が高くなるという意味であろう。つまり、行政庁に裁量が付与される範囲が広がるほどに、その濫用の危険は高まるから、理由の提示を求めることで濫用を抑制しようという趣旨と考えられる。

　こうした趣旨が、(B)「当該処分に係る処分基準の存否及び内容並びに公表の有無」に関わってくる。処分基準は、行政庁が裁量を行使する際に依拠すべき基準を行政自身が定めたものである。まず「内容」から検討すると、処分基準の規定ぶりが覊束的なものである場合には、相対的に低い程度の理由の提示でも許されるが、規定ぶりが行政庁の裁量を幅広く残す趣旨に解される場合には（そのような処分基準が基準としての意味を成すかはともかく）、高度な理由の提示が求められるとの趣旨であろう。

　続いて、処分基準の「存否」と「公表の有無」についてだが、処分基準が設定・公表されている場合には、これに依拠した理由の提示が求められるという趣旨に考えられる。ただし、審査基準とは異なり、処分基準はその設定・公表ともに努力義務にとどまるので、一見するとその設定・公表に対するディスインセンティブにもなりかねない。この点は後述する。

　(C)「当該処分の性質及び内容」は、被処分者にとって重大な効果を及ぼす処分に際してなされる理由の提示の程度は、その重大さに比例して、それだけ高度のものが求められるという意味に解される。比例原則に近い発想であるが、理由の提示の趣旨のうち、行政による恣意的判断の抑制との関係で意味を持つ。これは行政の機動性との相関関係で決すべき事柄であり、軽微な法令違反に基づき軽微な不利益処分を発動するような局面では、行政の機動的対応の必要性が優先するのに対して、重大な法令違反に対して重大な制裁的措置を発動するような局面では、行政の機動性を若干犠牲にしてでも、名宛人の被る重大な効果を顧慮して、慎重に処分理由を提示

することが求められるという趣旨で理解すべきであろう。

　(D)「当該処分の原因となる事実関係の内容等」については、名宛人にとって事実関係が当然に明らかである場合にまで、高度の理由の提示を求める必要はないとの趣旨に理解される。原因事実をどこまで明らかにするかについては、多くの裁判例がある。

④ 複雑な処分基準の適用関係

　その上で、最高裁は、建築士に対する懲戒処分に際して同時に示されるべき理由としては、処分の原因となる事実及び処分の根拠法条に加えて、処分基準の適用関係が示されなければ、名宛人において、いかなる理由に基づいてどのような処分基準の適用によって当該処分が選択されたのかを知ることは困難であり、理由の提示としては十分でないと述べた。この判示だけ漫然と読んでも最高裁判決を理解することは難しいので、当時、国土交通省から設定・公表されていた建築士の処分に関する処分基準（平成11年12月28日建設省住指発第784号都道府県知事宛て建設省住宅局長通知〔平成19年6月20日廃止前のもの〕）を読んで、本件ではいかなる適用関係によって最も重い免許取消処分が選択されたのか、その適用関係の理解についてチャレンジしていただきたい。

　まず、〔別表第1　処分等の基準〕をみると、この事案は、「⑵建築関係法令に違反したとき又は業務に関して不誠実な行為をしたとき」に該当することが分かる。となると、「表2の懲戒事由に記載した行為に対応する処分ランクを基本に、表3に規定する情状に応じた加減を行ってランクを決定し、表4に従い処分内容を決定する」ことになる。実際にXに対して下されたのは最も重い免許取消処分なので、〔表4　処分区分表〕において最高のランク16に該当しなければならない。なお、〔別表第1〕⑵のただし書によれば、もし違反行為により「建築物の倒壊・破損等が生じたとき又は人の死傷が生じたとき」は、「業務停止3月以上又は免許取消の処分とする」とあるので、Xに対する免許取消処分も端的に正当化されることになるが、

○建築士の処分等について（平成11年12月28日建設省住指発第784号都道府県知事宛て建設省住宅局長通知〔平成19年6月20日廃止前のもの〕）

別表第1 処分等の基準

(1)	禁錮以上の刑に処せられたとき（建築士法第10条第1項第1号）	表1による〔表1は略〕。ただし、(2)に該当する行為をしたことにより、禁錮以上の刑に処せられたときは、(2)に基づく処分についても併せて検討し、表1に基づく処分より重い場合には、(2)に基づく処分を適用する。
(2)	建築関係法令に違反したとき 又は 業務に関して不誠実な行為をしたとき（建築士法第10条第1項第2号又は第3号）	表2の懲戒事由に記載した行為に対応する処分ランクを基本に、表3に規定する情状に応じた加減を行ってランクを決定し、表4に従い処分内容を決定する。 ただし、当該行為が故意によるものであり、それにより、建築物の倒壊・破損等が生じたとき又は人の死傷が生じたとき（以下「結果が重大なとき」という。）は、業務停止6月以上又は免許取消の処分とし、当該行為が過失によるものであり、結果が重大なときは、業務停止3月以上又は免許取消の処分とする。

表2 ランク表（抄）

懲戒根拠	懲戒事由	懲戒事由		関係条文		処分ランク
建築関係法令違反（建築士法10条1項2号）	○建築士法違反	重	・設計及び工事監理の業務範囲の逸脱	3～3の3	6	業務停止3月
		重	・業務停止処分違反	10①	16	免許取消
		重	・違反設計	18	6	業務停止3月
			・無断設計変更	19	4	〃 1月
		重	・名義貸し	24、34の2	6	〃 3月
			・その他法令違反		4～16	業務停止1月～免許取消
	○建築基準法違反	重	・設計、工事監理規定違反	5の2	6	業務停止3月
		重	・確認通知書等偽造又は同行使	6①	6	〃 3月
		重	・無確認工事等	6、7の3	6	〃 3月
		重	・違反工事	各条項	6	〃 3月
		重	・虚偽の確認申請等	6、7、7の3	6	〃 3月
		重	・是正命令等違反	9	6	〃 3月
			・その他法令違反		4～6	業務停止1月～同3月
	○上記以外の建築関係法令違反		・確認対象法令違反		3～6	
			・その他手続違反		2～6	
			・その他実体違反		3～6	
不誠実行為（建築士法10条1項3号）			○不適当設計		2～4	
			○業務契約の内容の説明不十分		2～4	
			○建築士に対する一般的信頼を著しく損なう行為		2～4	
			○その他の不誠実行為		1～4	

(注) 1 「重」は「重大な違反」であり、建築関係法令違反の中でもより重い処分が行われるべきものである。
　　（2は略）

表3

情状等による加減表		
違反の結果	○違反行為の内容が軽微で具体的法益侵害、あるいはその発生の可能性がない場合	▲1ランク
	○違反行為につき未遂で終わった場合	▲1ランク
行為者の意識	○重大な悪意あるいは害意に基づく行為	＋3ランク
	○行為を行うにつきやむを得ない事情がある場合	▲1ランク
	○過失に基づく行為であり、情状をくむべき場合	▲1～▲3ランク
行為の態様	○暴力的行為又は詐欺的行為	＋3ランク
	○法違反の状態が長期にわたる場合	＋3ランク
	○常習的に行っている場合	＋3ランク
是正等の対応	○積極的かつ速やかに是正（損害填補）に対応	▲1ランク
	○是正（損害填補）に対応せず	＋1ランク
	○処分の対象となる事由につき自主的に申し出てきた場合	▲1ランク
行為に対する処分	○罰金の刑に処せられた場合	＋1～3ランク

表4　処分区分表（抄）

ランク	処分等
1	文書注意
2	戒告
3	業務停止1月未満
4	業務停止1月
5	業務停止2月
6	業務停止3月
（中略）	（中略）
14	業務停止11月
15	業務停止1年
16	免許取消

1　複数の処分事由に該当する場合
  (1)　1つの行為が2つ以上の処分事由に該当する場合、又は手段若しくは結果である行為が他の処分事由に該当する場合は、最も処分等の重い行為のランクによる。
  (2)　2以上の処分等すべき行為について併せて処分等を行うときは、最も処分等の重い行為のランクに適宜加重したランクとする。ただし、同一の処分事由に該当する複数の行為については、時間的、場所的接着性や行為態様の類似性等から、全体として一の行為と見うる場合は、単一の行為と見なしてランキングすることができる。
2　（以下略）

本件はそのような場合ではないため考慮から除かれる。

　さて、［表4］においてランク16に該当するためには、［表2　ランク表］と［表3］でいかなる適用関係が求められるか。Xは様々な違反行為を行っているが、それらは［表2　ランク表］に示された処分ランクでは精々ランク6止まりである。ちなみに、Xが1棟のマンションについて行った違反行為は「違反設計」、「違反工事」、「不適当設計」など、複数の処分事由に該当するので、足し合わせていけば16に到達するのではないかという疑問

が浮かぶかもしれない。だが、これについては、[表４　処分区分表]に注記された[１　複数の処分事由に該当する場合]に、「(1)１つの行為が２つ以上の処分事由に該当する場合、又は手段若しくは結果である行為が他の処分事由に該当する場合は、最も処分等の重い行為のランクによる。」とあるように、１つの行為が「最も処分等の重い行為のランク」であるランク６を超えて評価されることはない。ただし、Ｘは複数棟のマンションで違反行為を重ねているため、[(2)２以上の処分等すべき行為について併せて処分等を行うときは、最も処分等の重い行為のランクに適宜加重したランクとする。]が適用されて、最も重いランク６に「適宜加重したランク」として、ランク16に該当すると判断されたのかもしれない。とはいえ、ランク６に「適宜加重したランク」で３倍近くのランク16にまで跳ね上がるものなのだろうか。

　となると、[表３]に基づく情状による加減が行われたことで、ランク６がランク16相当にまで上昇したものと考えるのが素直である。「行為者の意識」として「○重大な悪意あるいは害意に基づく行為」であれば＋３ランク、「行為の態様」として「○暴力的行為又は詐欺的行為」、「○法違反の状態が長期にわたる場合」、「○常習的に行っている場合」に該当すればそれぞれ＋３ランクずつなので、これらが積み重なった結果、Ｘの違反行為がランク16に相当するものとして、最も重い免許取消処分が下されたものと推測される。

　しかし、以上の操作はあくまでも推測にすぎない。国土交通大臣の口からは一言も、（単体でみれば）ランク６に該当するにすぎないＸの違反行為が、どうしてランク16相当にまで跳ね上がったのか、処分基準の適用関係に関する説明はなされていないのである。

　なぜ、処分基準の適用関係に関する説明が重要なのだろうか。[表３]の情状による加減についてみると、もし行政庁から「○重大な悪意あるいは害意に基づく行為」があったから＋３ランクなのだと言われれば、Ｘとしては「私には重大な悪意や害意はなかった」と主張することが可能となる

し、行政庁から「○常習的に行っている場合」に該当すると言われれば、X は「本件に常習性はない」と反論することができよう。しかし、その辺の論理操作が完全なるブラックボックスに覆われているため、X としては不服申立ての手がかりを掴むことさえできないのである。ひょっとしたら、実際に適用されたのは［表3］ではなく、［表4　処分区分表］の「1(2)」であって、「最も処分等の重い行為のランクに適宜加重したランクとする。」の「適宜加重した」というのがランク6から一気にランク16まで「適宜加重した」結果、免許取消処分が選択されたのかもしれない。かなり恣意的な判断がされたことになるが、処分基準の適用関係が示されていない以上、本当のところは知りようがないのである。

　後日談であるが、この判決を受けて、一級建築士に対する処分基準は、適用関係がかなり機械的に定まるものへと改められた。実務担当者も、かなり説明がしやすくなったことと思われる。読者の皆さんは、巻末に付した「指定介護サービス事業所等に対する「監査マニュアル（仮称・案）」」の「処分基準の考え方の例」も参照しながら、処分基準の適用関係についてあれこれ試してみてほしい。

　最判平成23年6月7日では、処分の原因事実と根拠法条に加えて、処分基準の適用関係まで示されなければ、「いかなる理由に基づいてどのような処分基準の適用によって当該処分が選択されたのかを知ることは困難である」ため、行政手続法14条1項が要求する理由の提示として不十分であるとされた。以下では、この判例に基づき展開されてきた実例の分析を通じて、行政実務上留意すべきポイントを示すこととする。なお、理由の提示が不十分である場合には処分自体が一発取消しになるという取扱いの趣旨については、申請に対する処分の項で前述した（→第2章64頁）。

6 理由の提示の注意ポイント

① 概要

　不利益処分における理由の提示の瑕疵は、申請に対する拒否処分のとき以上に数多く指摘される。とりわけ、最判平成23年6月7日によって勢いづいた取消訴訟の原告からは、必ずといって良いほど理由の提示の瑕疵が主張されるようになったので、実務の現場においては早急な対応が求められる。

　続いては、申請に対する拒否処分のときと同じように、㋐原因事実（不利益処分の場合、処分の原因となる事実なので、原因事実という──聴聞の場合と同様）、㋑適用規範（法令や処分基準）、㋒適用関係と結論という段階を踏んで、解説を加える。不十分であるとされた理由の提示の記載については、できるだけ原文に近い形で引用したので、具体的にいずれの箇所が不十分であるとされたのか、ぜひ参考にしていただきたい。

　なお、不服申立ての教示（行政不服審査法82条・83条）や取消訴訟等の提起に関する教示（行政事件訴訟法46条）については、申請に対する拒否処分の場合と同様である。

② 原因事実

① 居宅介護サービス費の不正請求

　原因事実の記載が不十分であるとして処分が取り消される事例は後を絶たない。名古屋高判平成25年4月26日判例地方自治374号43頁は、居宅介護サービス費の不正請求を理由としてなされた指定通所リハビリテーション事業者の指定取消処分（介護保険法77条1項）の取消訴訟である。処分理

由には、以下のように記載されていた。

1　実際には提供していない指定通所リハビリテーションについて、当該サービスをあたかも提供したかのごとく、諸記録を装ったうえ、当該サービスに係る介護報酬を不正に請求した（介護保険法第77条第1項第5号に該当……）。

2　リハビリテーションマネジメント加算については、算定の要件として、月に8回以上の通所が必要であるにもかかわらず、あたかも当該要件を満たしていたかのごとく、諸記録を装ったうえ、当該サービスに係る介護報酬を不正に請求した（介護保険法第77条第1項第5号に該当……）。

3　居宅サービス計画に位置付けられた所要時間のサービス提供を行わず、かつ、当該サービスに係る介護報酬を減額することなく不正に請求した（介護保険法第77条第1項第5号に該当……）。

名古屋高裁は、処分の原因事実が争われている以上、法令の適用対象となった個別具体的な事実をそれ以外の事実と区別できる程度に特定して摘示し、処分の名宛人に対し、いかなる事実関係に基づきいかなる法規を適用して処分がされたのかを具体的に了知させる必要があるとした上で、取消理由の記載は極めて抽象的であり、不正請求と認定された請求に係る対象者、期間、サービス提供回数及び請求金額等は何ら特定されておらず、その記載からは不正請求の具体的な期間、回数、金額について読み取ることはできないとして、処分を取り消している。

② 高齢者虐待

高齢者介護施設を運営する事業者に対し、組合から介護保険法に基づく新規利用者の受入れ停止及び介護報酬請求額制限の処分がなされたという事案について、広島高松江支判平成31年4月17日LEX-DB25563211は、通知書の記載は「利用者の処遇に関し管理者自ら又はその指示による高齢者虐待等の不当な行為が行われたため。」というものであり、事業者が事前

に得ていた書面や説明と総合して検討しても、いずれの処分理由が最終的な処分理由として認定されたのかという点が全く不分明であるとして、処分を取り消した。

③　養豚場からの悪臭排出（悪臭防止法）

　札幌地判令和2年1月30日LEX-DB25565046は、勧告に従わなかった養豚業者に対し、市長が、1か月以内に「肥育舎からの悪臭排出を改善すること」とする業務改善命令（悪臭防止法8条、化製場法5条）を下したという事案である。悪臭防止法に基づく命令については、「貴社に対しては、その設置する事業所……について、悪臭防止法……第8条第1項の規定に基づき、平成29年9月19日○○号をもって悪臭原因物の排出を減少させるための措置をとるべきことを命令し、貴社から命令に対し改善対策の報告を受けていたが……、平成30年5月24日の施設立入検査において、改善対策の履行が不十分であることが認められる。」との記載しかされておらず、いかなる悪臭原因物を問題にしているのかが記載されていなかった。札幌地裁は、この記載からは、いかなる悪臭原因物が規制基準に適合していないのか、いかなる事実が認められることにより「住民の生活環境が損なわれている」といえるのかを、名宛人においてその記載自体から了知し得ることはできないと述べて、理由提示が不十分であるとして、処分を取り消した。

④　安全運転義務違反

　札幌地判令和2年8月24日判時2488・2489号157頁は、深夜、降雪や地吹雪の影響で見通しの悪い状況の中で自動車を運転し、歩行者と衝突する死亡事故を起こした安全運転義務違反（道路交通法70条）による運転免許取消処分について、事故当時の見通しの悪さの程度、それに応じた安全運転義務の内容は複数考えられるのであって、単に「安全運転義務違反」という処分理由のみでは、名宛人において何を前提として不服申立てをすればよいのかを判断するのは困難であったとして、処分を取り消した。すなわち、「本件事故の態様は、降雪や地吹雪の影響で見通しの悪い状況で、本件

車両を進行させた際に、本件事故現場を通行していた［歩行者］に本件車両を衝突させたというものである。かかる事故態様の下においては、本件事故当時の見通しの悪さの程度がどのようなものであったか（直ちに車両を停車又は徐行させるべき程に見通しが悪い状況だったのか、車両を進行させることは可能な程度の見通しが確保されていたのかなど）が複数考えられるところ、これらは両立し得ない。そして、見通しの悪さの程度に応じて安全運転義務の内容（後続車両の安全な通行のために前方を注視して進行すべきだったのか、歩行者のために直ちに停止又は徐行すべきだったのかなど）も複数考えられ、これらも両立し得ない。……そうすると、本件処分において、安全運転義務違反との処分理由が示されたのみでは、［名宛人］において、上記両立し得ない見通し状況及び安全運転義務の内容のうち何を前提として不服申立てをすればよいのかを判断するのは困難であったといえるし、処分行政庁である北海道公安委員会においても、具体的な義務内容とその義務違反に当たる行為を認識しないまま本件処分に至るおそれがあったといわざるを得ない」というのである。

③ 根拠法条

　理由の提示において、根拠法条の記載は必須である。新潟地判平成23年11月17日判夕1382号90頁は、カビの発生等による非食用の事故米穀を原料として米澱粉を製造し、食用と非食用の区別をせずに販売を行ったために下された販売済み米澱粉回収等処分について、原因事実としては、「［名宛人］がカビの発生等による非食用の事故米穀を原料として米澱粉を製造し、食用と非食用の区別をせずに販売した」と記載し、処分の根拠法条として、「食品衛生法6条」とのみ記載してあったという事案である。新潟地裁は、このような記載では、対象事実及び対象食品等が何でありそれが食品衛生法6条各号のいずれに該当するかが示されたとはいえないとして、処分を取り消した。ただし、控訴審である東京高判平成24年6月20日LEX-DB25482659は、「当該事故米穀が「カビの発生等による非食用の事

故米穀」であることが具体的に記載されているのであるから、処分庁の恣意抑制という点でも、不服申立ての便宜という点でも、理由の提示として不十分であるとはいえない」として、原審の判断を覆している。

　その一方で、根拠法条の番号を示すだけでは理由の提示として不十分であるという点でも、裁判例の判断は一貫している。東京高判平成24年12月12日裁判所HPは、「休憩所（ドライブイン）」として土地の開発許可を受けて建築した予定建築物に対し建築物使用停止命令、是正措置命令、除却命令が下されたところ、命令書には「都市計画法42条及び81条１項に違反する」としか記載がなかった事例である。東京高裁は、「［都市計画］法42条は、予定建築物以外の建築物等の新築等禁止、改築、又は用途変更の禁止という複数の禁止内容を含むから、本件土地の開発行為が同条違反というだけでは、本件土地の開発行為の何がどのような禁止内容にふれるのかという処分の根拠事実との対応関係が全く明らかではない。また、［都市計画］法81条１項の定める監督処分は、各号に定められる処分要件が抽象的であり、処分行政庁が執り得る措置も多様で、その処分選択は処分行政庁の裁量に委ねられているため、同条項を挙げただけでは、本件土地の開発行為の何が同条項のどの処分要件に該当するのか、また、いかなる理由や基準で使用停止命令という監督処分が選択されたのかが明らかではない」として、命令書の記載からは土地開発行為のどのような点が都市計画法42条のどの文言に違反するのか、同法81条１項各号のいずれの処分要件に該当するものとされたのか、どのような理由や基準で同項所定の措置として使用停止命令がされたかは全く不明というほかはなく、不利益処分の理由提示として不十分であるとした。処分行政庁においては、休憩所（ドライブイン）の物販施設は50㎡を上回ってはいけないという「50平米基準」が開発許可の解釈運用基準として採用・公表されており、本件においても、開発行為の相談や開発許可申請、開業後の是正指導等に当たって、50平米基準からみた適否が争われていたにもかかわらず、使用停止命令において50平米基準に関する記載がなかったことも問題とされた。

国家賠償訴訟においても、名古屋地判平成30年4月27日判時2400号20頁は、文部科学大臣が朝鮮学校について高校授業料無償化法2条1項5号と同法施行規則1条1項2号ハによる指定を行わない旨の処分について、根拠法条の番号のみを示していた点は違法であるとした。

④ 処分基準の適用関係、裁量判断

① 占用料の納入告知

　大阪地判令和元年7月31日判時2435号31頁は、従前は占用料の徴収が免除されていた高速道路高架下の物件に対して平成26年度に占用料1379万7500円の納入告知が行われたという事案である。納入告知書には、処分の理由として、「占用料は、大阪市β区γ▽丁目▽番▽ほか22筆の土地について、独立行政法人日本高速道路保有・債務返済機構に課された固定資産税及び都市計画税に相当する額です。」、「（算定）昭和42年11月13日付建設省道政発第90号の3建設省道路局長通達記……及び昭和54年2月20日付建設省道政発第15号建設省道路局路政課長通達による」と記載されていた。

　少し補足すると、昭和42年局長通達とは、被告が、「慣行等から占用料を徴収することが不適当であると……国土交通省道路局との事前協議を経て認めたもの」については占用料を免除・減額する旨を抽象的に定めるものであり、昭和54年課長通達は、占用料を減額する場合において、政令で定める占用料の額から固定資産税等の額を控除した額のうちどれだけの割合を占用料から減額するかを原則として任意の割合と定めたものである。

　大阪地裁は、「占用料の納入告知処分に際して同時に示されるべき理由としては、昭和42年局長通達及び昭和54年課長通達が適用される場合、それらの根拠規定を示すだけでは足りず、その適用関係が示されなければ、処分の名宛人において、いかなる理由に基づいて占用料の額が定められたのかを知ることは困難である」として、実質的な処分基準として機能していた通達の適用関係まで示されなければ、理由の提示として不十分である

とした。占用料納入告知は小規模な町村においても数多く行われることから、実務上の参考になろう。

② 養豚場からの悪臭排出 (化製場法)

先にみた札幌地判令和2年1月30日では、化製場法5条に基づく業務改善命令についても、処分基準の適用関係が不十分であると指摘されている。すなわち、当該命令は、化製場法5条3号の「臭気の処理を十分にしなければならない」という措置を十分に講じていないと認めたために行われたものであるが（同法6条の2）、その理由として付されたのは、「貴社に対しては、その設置する事業所……について、化製場等に関する法律……第5条第1項第3号に定める措置を講じていないと認められることから、平成29年9月19日○○号をもって臭気の処理を十分にする措置をとるべきことを命令し、貴社から命令に対し改善対策の報告を受けていたが……、平成30年5月24日の施設立入検査において、改善対策の履行が不十分であることが認められる。」という記載だけであった。ところが、市は要件の認定について判断するために処分基準を定めており、そこには、苦情の有無、事業場から発生するこん虫の発生頻度・量及び種類、事業場から発生する臭気の程度、事業場の操業状態及び住居との位置関係などの考慮要素が挙げられていた。札幌地裁は、「処分の際に示されるべき理由としては、処分の原因となる事実関係についてどのような根拠法条を適用したか、処分基準に掲記されている考慮要素のいずれを考慮したのかを、処分の名宛人において、その記載自体から了知し得る程度に記載されなければならない」とした上で、本件では、名宛人にとって、処分の原因となる事実関係や、処分基準に掲記されている考慮要素のいずれを考慮したのかについて、記載自体から了知し得ることはできないと述べて、理由提示が不十分であるとした。

③ 処分基準の設定・公表との関係

当然のことながら、処分基準の適用関係まで示すことが義務付けられるのは、処分基準が設定・公表されている場合に限られる。この点、処分基

準の設定・公表は努力義務にすぎないのだから、そもそも処分基準を設定・公表しなければ、その適用関係まで示す義務もなくなり、運用が簡単になるのではないかという疑問が浮かぶかもしれない。

　しかし、これは誤解である。処分基準が設定・公表されている場合には、その適用関係を示す必要があるとはいっても、行政庁の裁量判断の過程について、既に設定・公表されている処分基準を手がかりに説明すれば良いだけなので、格段に手間を省くことができる。最判平成23年6月7日の事例でいえば、「貴方の違反行為は表2に基づきランク6となり、表3の〇違反行為につき未遂で終わった場合に該当するから▲1ランクとなって、表4ではランク5相当として、業務停止2月の処分を下しました」と説明すれば足りることになる。もし処分基準が設定・公表されていない状況下で同じことを説明しようとすれば、何ら手がかりがない（手がかりがあっても明らかにできない）中で裁量判断の過程を名宛人に分かるように説明しなければならず、かなり厄介なことになる。最高裁は一言も、「処分基準が設定・公表されていない状況下では理由の提示の程度を落としても構わない」とは述べていないことに注意すべきである。

　盛岡地判平成18年2月24日判例地方自治295号82頁は、不法残留外国人の雇用による罰金刑の確定によって下された風俗営業許可取消処分について、風営法8条は営業許可を取り消すかどうかについて行政庁の裁量を認めており、名宛人は事実関係を認める一方で、情状酌量で寛大な処分を求めていたのであり、行政庁がいかなる裁量判断をするのかが唯一の争点となっていたという事情の下では、依拠した処分基準や主要な根拠事実等の裁量判断に関する記載を一切欠いてなされた営業許可取消処分は、理由の提示を欠くものであって違法であるとされた。当該営業許可取消処分は、事前に公表されていた処分基準とは異なる比較考量論に基づいて下されたという事情があり、その理由は事前に通知され、聴聞において説明された処分意見とも異なっていたということもあって、とりわけ裁量判断に関する記載を提示しなかった瑕疵は看過できないとされている。盛岡地判平成

18年2月24日は、処分基準が設定・公表されていない場合の方が、設定・公表されている場合と比較して、理由の提示が格段に困難になることを示す好例である。

⑤ 許可取消処分と聴聞

　許可取消処分に関しては、事前手続として聴聞が実施されるため（行手法13条1項1号）、処分行政庁は、聴聞手続の中で原因事実など処分の理由について十分に提示していたのだから、理由の提示に不備はないとする主張を頻繁に行う。これに関する下級審の判断は分かれている。

　熊本地判平成26年10月22日判例地方自治422号85頁は、介護報酬の不正請求を理由とした介護老人保健施設開設許可取消処分について、「本件各取消理由は、……不正請求の期間が平成16年12月から平成19年2月までと一応特定されているものの、不正請求と認定された請求及び幇助の対象とされた居宅サービス計画に係る対象者、サービス提供回数等は何ら特定されておらず、その記載から、［名宛人］が具体的にいかなる回数、金額について不正請求を行ったとして本件各処分を受けたのか読み取るのは困難である。」とした上で、①処分行政庁の判断は聴聞通知書の内容に拘束されるわけではなく、②聴聞通知書に記載されていた原因事実についても、不正請求の件数にとどまり、そのいずれが不正請求として認定されたのか明らかでないことからすれば、聴聞手続を経たからといって、理由の提示を簡略化することは許されないとして、処分を取り消した。

　しかし、控訴審である福岡高判平成28年5月26日判例地方自治422号72頁は、「本件処分通知書……では、原因事実の期間が平成16年12月から平成19年2月までの間と特定され、その行為態様についても具体的に記載されており、これらの各事実の内容からすれば、処分の原因となる事実関係はいずれも明らかであるといえる。さらに、……本件聴聞及び事業者指定取消差止請求訴訟等の各経過をも考慮すれば、処分の原因となる事実関係はいずれも明白である」と述べて、原審の判断を覆した（上告不受理で確定）。

ちょうど介護サービス事業者への不利益処分の事例なので、巻末に付した「指定介護サービス事業所等に対する「監査マニュアル（仮称・案）」」も参照されたい。

佐賀地判平成29年10月27日LEX-DB25549199も、地域密着型サービス事業者等の指定取消処分に関し、聴聞手続の中で具体的な処分の根拠事実が明らかにされていることなどを考慮すると、理由の提示に不備はないとして、請求を棄却している。

筆者は、処分行政庁の判断は聴聞通知書の内容に拘束されるわけではない以上、いくら聴聞を経ているからといっても、処分の際に理由の提示を簡略化することは認められず、あらためて原因事実について示すことが求められると考える。処分の原因事実（安全運転義務違反）について争われた札幌地判令和2年8月24日においても、公安委員会からは、一時停止又は徐行しなかったことが問題視されていることについて、名宛人は刑事手続や聴聞の機会を通じて理解できたはずであると主張されているが、裁判所の容れるところとはなっていない。東京高判平成24年12月12日も、是正指導や聴聞手続において処分理由は名宛人に十分伝わっているはずであるという処分行政庁の主張を退けている。

7 事案ごとの検討

① 社会保険給付関係

　社会保険給付の基礎となる障害区分認定に関しても、理由の提示が問題となりやすい。大阪地判平成31年4月11日判時2430号17頁は、1型糖尿病により障害等級2級該当とされていた障害基礎年金の受給者に対し、「障害の程度が厚生年金保険法……施行令に定める障害等級の3級の状態に該当したため、障害基礎年金の支給を停止しました。」という通知書によって支給停止処分（国民年金法36条2項）が下されたという事案について、これでは単に結論のみを示したものと評されてもやむを得ず、理由の提示として不十分であるとした。

　厚生労働大臣は、年金給付の件数が極めて膨大であり、限られた時間内に受給権者に通知を行わなければならない関係上、通知の内容を定型化せざるを得ないと主張したが、大阪地裁は、障害基礎年金の支給停止処分が相手方に与える効果の重大性及び根拠法令と障害認定基準の記載が抽象的であることに鑑みれば、いかなる事実関係に基づきどのように障害認定基準（処分基準）を適用して当該処分がされたのかを、当該処分の相手方においてその理由の提示の内容自体から了知し得る必要性が高いとして、理由の提示の定型化にもおのずから一定の限界があるとする[16]。

---

(16)　なお、大阪地判平成31年4月11日は、「支給停止処分について、行手法又は［国民年金］法において行手法14条1項本文の適用を除外する旨の立法上の措置が講じられていない（行手法3条、［国民年金］法7条3項参照）以上、その理由が定型化されて提示された場合についても、同項本文の定める理由提示の要件を満たさなければならない」としており、裏を返せば、理由の提示は立法政策の問題であるとするようにも読める。

受給権者が機構に提出する診断書（障害状態確認届）の内容については様式が定められており、糖尿病であれば、①障害認定基準における一般状態区分表のいずれに該当するか、②病型、③検査成績、④治療状況、⑤血糖コントロールの困難な状況、⑥合併症を記載する項目に加えて、⑦現症時の日常生活活動能力及び労働能力等を記載する項目がある。機構が支給停止事由の有無を判断する際は、認定医に対し、前記診断書を示した上で医学的知見に基づく意見を求め、当該意見等は障害状態認定調書に記載される。厚生労働大臣は、当該意見を踏まえて支給停止処分を行うのであるが、医学的な処分理由について問合せがあった場合、機構は、受給権者に対し、障害認定基準の該当箇所、障害状態認定調書から読み取れる処分理由、診断書等の提出書類から読み取れる処分理由等について説明している。大阪地裁は、そうであるとするならば、厚生労働大臣が本件のような支給停止処分を書面で行う場合には、(1)診断書記載の事実関係を前提として当該処分を行ったか否かに関する記載や、(2)障害認定基準中の認定要領において３級よりも「さらに上位等級に認定する」際の考慮要素とされる症状、検査成績及び具体的な日常生活状況等に関する判断等について、診断書の記載の要点部分や障害状態認定調書中の認定医の意見等を引用しつつ、一定程度具体的な記載をした書面を当該受給権者に交付すべきであるとした。

　その一方で、大阪地裁は、「当該受給権者に交付する予定の書面に頻出する文言を印字しておく、必要に応じてチェックボックスを活用するなどして当該書面を効率的に作成するための工夫を行うことが許容されることはいうまでもない」と述べている（障害基礎年金の不支給決定に関する東京地判平成27年12月11日LEX-DB25532479も参照）[17]。

---

(17)　原爆症認定申請却下処分については、広島高判令和２年６月22日裁判所HPが、「原爆症認定の申請を却下する処分については、疾病・障害認定審査会に諮問された場合にはその審議の概要と結果のほか、放射線起因性又は要医療性のいずれの要件を欠くものとされたかを明らかにすれば足りると解するのが相当である」としている。

② 生活保護関係処分

① 基準改定

　生活保護は、生活扶助、教育扶助、住宅扶助、医療扶助、介護扶助、出産扶助、生業扶助及び葬祭扶助から構成されるところ、これらは厚生労働大臣の定める「生活保護法による保護の基準」に従って行われる（生活保護法11条1項・8条1項）。保護の実施機関（処分行政庁のこと。同法19条4項参照）が用いる裁量基準（審査基準・処分基準）を国の大臣が定めていることになり、処理基準（地方自治法245条の9）としての性格を有する。「生活保護法による保護の基準」は、昭和38年厚生省告示第158号が毎年度告示（この告示を、以下では、「本件告示」ということがある）によって改定されており、一般に「基準改定」と称される。

　問題は、基準改定による保護変更処分（本件各処分）について、通知書には「基準改定による変更」、「基準改定を行う」、「基準改定」、「基準改定（年齢改定、冬季加算削除）による変更」、「基準改定、年齢改定を行う」といった記載しかされていない事案が後を絶たないことである。これでは、根拠法条の番号だけを示すのとあまり変わりがない印象を受ける。

　名古屋地判令和2年6月25日判時2474号3頁は、こうした記載について、①生活扶助基準には、年齢、世帯人員等の別に基準額等が具体的かつ詳細に定められており、本件各処分の根拠となる本件各告示には、前記のような生活扶助基準の定めをどのように変更するかが明確に定められていること、②本件各処分は、前記のような本件各告示による生活扶助基準の改定に伴って、改定後の生活扶助基準どおりに生活扶助費を変更するものであり、行政庁に裁量の余地のあるものではないこと、③本件各告示は、本件各処分前に既に官報により一般に周知されていること、④本件各処分の通知書には、本件各告示による改定後の生活扶助基準額が記載されていることなどからすると、「前記の「基準改定による変更」などの記載がされた通知書を受けた被保護者としては、本件各処分前の通知書と本件各処分

の通知書を比較するなどの方法によって、本件各処分の内容及び根拠を了知し得るということができる」として、理由の提示に欠けるところはないとした。

膨大な生活保護の実務において、個別の被保護者に丁寧な理由の提示を行うことが困難であることは一定程度理解できるとしても、この判決はかなり無理やり正当化を行った感じが否めない。②において、行政庁に裁量の余地はないから心配しなくて良いというのは、理由の提示の恣意的判断抑制機能に関係する論拠であるが、恣意的判断の有無について審理・判断する手がかりとして理由の提示が必要なのであって、構造上恣意的判断が行われる余地がないから理由の提示は不要だというのでは本末転倒である。「私たちは構造上ちゃんとやるようにしかできないから、ちゃんとやっていた証拠は不要です」などと説明されて、納得できるだろうか。また、告示は官報をみれば書いてあるからなどという③の論拠が成り立つならば、法律や政省令も官報をみれば書いてあるのだから、処分の根拠法条の番号を示すだけでは不十分であるという判例法理は根底から覆される。せめて基準改定の告示の抜粋くらいは別添資料として付けた上で、保護変更処分の理由を説明すべきであろう。

② 収入認定

給付型奨学金を収入認定し保護費を減額した生活保護費変更処分について、保護決定通知書には「奨学金を収入認定します」との記載しかなく、理由等の記載が一切存在しなかったという事案について、福島地判平成30年1月16日判タ1451号172頁は、「［名宛人らは］処分を受けて直ちに行政不服審査手続を行っており、不服申立てに当たって支障が生じたものとも認められないことからすると、本件各処分について記載した保護決定通知書における理由の記載が不十分であることをもって、国家賠償法1条1項にいう違法があるとは認められない」とした。名宛人らが処分後直ちに審査請求を行っており、不服申立てに当たり支障が生じなかったことをもって、瑕疵の治癒が認められたとする趣旨であろうか。しかし、損害の発生を否

定するならばともかく、違法性が否定されるという論理には賛成することができない。

③　指導・指示への違反

　保護の実施機関は、被保護者に対して、生活の維持、向上その他保護の目的達成に必要な指導・指示をすることができ、被保護者はこれに従う義務を有する（生活保護法27条1項・62条1項）。この指導・指示に従う義務に違反した場合、保護の実施機関は保護の変更、停止または廃止をすることができる（同法62条3項）。

　津地判平成30年3月15日判時2434号26頁は、指示に従う義務への違反を理由に下された保護廃止決定（本件廃止処分）の取消訴訟・国家賠償訴訟である。津地裁は、保護廃止決定の処分要件（指示の内容及びその違反）については、指示が書面によりされていること、その内容が規定の回数の求職活動等を求めるものであり、その求職活動の状況については被保護者が自ら求職活動状況報告書により報告していることからすれば、被保護者において了知し得るものであったとしたのに対して、効果裁量の行使については、理由の提示として不十分であるとした。すなわち、被保護者が指示に従う義務に違反した事実があるとしても、その場合に保護の実施機関がどのような処分をとるかについては裁量が認められている上、どのような場合にどのような処分をとるべきかについても明確な基準が定められているわけではない。さらに、保護の廃止処分の重大性に鑑みれば、保護の実施機関には、考慮すべき事情に即して、最も重い保護の廃止処分を選択した理由及び適用の原因となった事実関係を具体的に記載することが求められる。しかしながら、本件廃止処分の通知書には、本件廃止処分が選択された理由について一切記載されておらず、単に抽象的に処分の根拠規定の該当条項を示すだけであった、というのである。

④　保護費返還決定

　生活保護法63条の保護費返還決定は、保護の実施機関が被保護者に資力があることを認識しながら扶助費を支給した場合の事後調整の処分である

と説明される。東京地判平成29年9月21日判時2396号3頁は、保護費の返還決定に係る処分通知書に、処分の根拠となる規定、返還決定理由、返還決定額、返還決定額の算出根拠、保護費の返還対象期間、及び返還納付方法・返還期限が記載されている場合には、行政手続法14条1項本文の理由の提示として欠けるところはないとした。

⑤ 費用徴収決定

生活保護法78条1項に基づく費用徴収決定は、「不実の申請その他不正な手段」により保護を受けた者に対して所定の徴収権を行使する不利益処分であり、平成25年の同法改正によって制裁的性格を強めている。「不実の申請その他不正な手段」の認定などをめぐっては、しばしば実務的に争いとなる。対照的な判断を下した2つの下級審判決を見比べてみたい。

まず、㋐大阪地判平成31年1月30日判例地方自治458号48頁は、理由の提示に違法はないとした事例である。処分通知書には、処分の根拠規定と並んで、「あなたには、平成26年9月1日から本市で生活保護法の適用を行ってきましたが、生活保護法第78条に基づき、下記のとおり費用徴収額を決定しましたので、通知します。」、「費用徴収決定額　金575,388円」、「徴収決定理由　保護開始時より障害年金を受給していたにもかかわらず申告を怠り、不正に生活保護費を受給したため。」と記載されていた。大阪地裁は、被保護者において、当該処分は、被保護者本人が、年金受給事実を故意に隠蔽して保護開始を受けた行為が生活保護法78条1項の要件に該当するものとして、市において支弁した保護費のうち被保護者が受給した年金の額に相当する部分として57万5388円の徴収を命じるものであることを了知することが十分可能であるとして、手続的違法は見当たらないとした。

これに対して、㋑名古屋地判平成31年1月31日判時2454号5頁では、理由の提示に違法があると判断された。問題となったのは保護費14万円を徴収する決定であるが、その通知書には、根拠規定として法78条が記載されたほか、「徴収額および算出根拠」として、「保護に要した費用（支払った保護費）」が28万円、「あなたが返還しなければならない返還額（生活保護法

78条に基づく徴収額）」が14万円と記載された上、「生活保護法78条を適用する理由」として、「保護受給開始後から収入が無いと申告を受けていたが、口座に振り込みを見つけ、申告が虚偽であることが判明」と記載されていた。

　名古屋地裁は、被保護者が複数の預貯金口座を保有し、複数回にわたり取引を行っていることからすると、「申告しなかったとされる口座への振込みについて、金融機関、振込日、振込金額等が具体的に記載されなければ、［被保護者］において、どの口座へのどの振込みを収入として申告しなかったことが処分の理由とされているかを理解することは困難である」と述べた上で、通知書における理由の記載としては、単に口座への振込みがあったというだけでは、理由提示として不十分であるとした。

　ほぼ同時期に下された対照的な2つの下級審判決を読み比べると、(い)の場合、預貯金口座が複数あり、複数の取引のうち具体的にいずれの口座振込みについて申告しなかったことが処分の理由であるかについてまで明らかにする必要があった事案であったという点が、(あ)との相違点であろう。

行政指導

1 行政指導とは

① 新型コロナと自粛要請

　もうしばらくの間（※連載は令和3年度）、私たちは新型コロナウイルス COVID-19（以下「新型コロナ」とする。）の猛威に耐えなければならないようである。潜伏期間が長く、無症状のまま、飛沫等を介した「濃厚接触」によって感染が拡大するという新型コロナの特質をふまえて、住民は不要不急の外出を控え、飲食店や小売店などの事業者は午後8時以降の営業を自粛したり、酒類の提供を取り止めるという方策が執られてきた。

　しかし、諸外国とは異なり、わが国には、感染症対策として都市を完全に封鎖する「都市封鎖（ロックダウン）」を定めた法律はなく、可能な手段は、あくまでも「必要な協力を要請する」ことにとどまっていた。国・自治体からの「自粛要請」、言うなれば、行政からの「お願い」である。新型インフルエンザ等対策特別措置法（平成24年法律第31号。以下では、「特措法」とする。）の令和3年改正により、ようやく強制力のある措置命令を発することが可能となったことは、記憶に新しい。

　特措法に基づいて行政が執り得る、現在の新型コロナ対策の概要を示す（下線部に着目していただきたい）。まず、事業者に対しては、その業種・業態ごとに協力要請が行われる（特措法24条9項）[1]。次に、政府対策本部長は、期間と区域を定めて「新型インフルエンザ等まん延防止等重点措置」を執ることができる（同法31条の4第1項）。この措置が執られている区域内で

---

(1)　特措法の改正前から想定されてきた、最も一般的な手段である。令和2年4月23日付けで内閣官房新型コロナウイルス感染症対策推進室長から各都道府県知事あて事務連絡。

は、都道府県知事は、①事業者に対して、営業時間の変更その他の措置を講ずることを<u>要請</u>し（同法31条の６第１項）、②これに従わない個別の事業者には<u>措置命令</u>を発することができる（同条３項）。命令に違反した場合には、20万円以下の過料に処せられる（同法80条１号）。また、③住民に対しても、必要な協力を<u>要請</u>できることが定められた（同法31条の６第２項）。

さらに、緊急事態宣言下においては、都道府県知事は、住民に対し、「生活の維持に必要な場合を除きみだりに当該者の居宅又はこれに相当する場所から外出しないことその他の……感染の防止に必要な協力」を<u>要請</u>できるほか（同法45条１項）、事業者（施設管理者）に対しては、施設の使用制限・停止、催物の開催の制限・停止を<u>要請</u>し（同条２項）⁽²⁾、「国民の生命及び健康を保護し、並びに国民生活及び国民経済の混乱を回避するため、政令で定める事項を勘案して特に必要があると認めるときに限り」、<u>措置命令</u>を発することができる（同条３項）。違反者には30万円以下の過料が科せられる（同法79条）。

こうしてみると、相手が事業者であれ住民であれ、まず広範にお願いベースの「要請」という手段が講じられ、それで解決が図られないとき、最後の手段として罰則付きの「措置命令」が発せられるという構図を見て取ることができる。この「要請」こそ、本章のテーマである**行政指導**である。

② 行政指導の定義、行政処分との違い

行政の行為類型の中では珍しく、行政指導については、明確な法律の定義が設けられている。行政手続法２条６号は、行政指導のことを、「行政機関がその任務又は所掌事務の範囲内において一定の行政目的を実現するため特定の者に一定の作為又は不作為を求める指導、勧告、助言その他の行

---

(2) 特措法45条２項の要請は、個別の事業者に対して施設を特定して行われるという点において、業種・業態ごとに協力要請を行う特措法24条９項の要請とは異なるというのが、政府見解である。

為であって処分に該当しないものをいう」と定める。行政が私人である相手方に対して行う「お願い」であると理解すれば良い。

　実務的には、行政指導と行政処分の違いを理解しておくことが必須である。実定法上、行政指導は、助言、指導、指示、勧告、要請として定められることが多く、これに対して、行政処分は、通常、許可（不許可）、営業停止、許可取消し、課税処分、監督処分、措置命令（除却命令、修繕命令など）として定められる。ただし、行政処分としての「指示」や「勧告」も存在するため、実定法上の用語から100％判別できるわけではない。行政指導であるか行政処分であるかは、結局のところ、実定法が当該行為に付与した法的効果によって決まる。<u>従わなくとも違法にはならない（法的拘束力がない）のが行政指導であり、従わなければ違法になる（法的拘束力がある）のが行政処分である。</u>

■図表4-1　行政処分と行政指導の違い

	行政処分	行政指導
実定法上の用語	許可（不許可）、営業停止、許可取消し、課税処分、監督処分、措置命令（除却命令、修繕命令など）	助言、指導、指示、勧告、要請
法的拘束力	あり、法律・条例の根拠必要	なし、法律・条例の根拠不要
事前手続	行政手続法・条例に厳格な規定あり	方式についての定めなど
罰則	多くの場合あり	なし（公表がある場合も）

　<u>行政処分には法的拘束力があるということは、相手方の権利を制限し、義務を課すことと同義なので、行政処分を発するためには、法律や条例の根拠が必要になる</u>（地方自治法14条2項参照）。そして、特措法における措置命令と過料の関係から見て取れるように、行政処分に従わない者に対しては、多くの場合、罰則が科せられる。これに対して、<u>法的拘束力のない行政指導については、法律や条例の根拠は不要である</u>。しかし、特措法がそうであるように、法律や条例に根拠を有する行政指導というものも存在する。

行政指導に従わなかったからといって、罰則を科すことは許されない。

③ 独特な世界

　相手方に与える影響の大きさに鑑みて、行政処分については、通則法としての行政手続法・行政手続条例によって、詳細な事前手続のルールが置かれている（→第2章、第3章）。これに対し、通則法における行政指導のルールは、方式に関する定め（行手法35条・36条）を除くと、独特な世界を形成している。

　何が独特かというと、行政指導はあくまでも「お願い」ベースの行為だからである。私人である相手方との合意が得られることが前提なのであれば、トラブルが起きようがないと疑問に思われないだろうか。法律は揉めごとを解決するためにあるので、当事者間で揉めない事案では、法律の出番はないはずである。しかし、実際には、事実上の力関係の格差から、私人である相手方にとっては意に沿わないけれども、しぶしぶ行政の「お願い」に従っているという局面が確実に存在する。したがって、あまりに度が過ぎると、相手方にとっては我慢がならないことも起こり得る。今般の新型コロナ対策においても、自粛要請に従わない事業者の氏名を公表してみたり、果ては金融機関からの取引停止をちらつかせるなど[3]、大臣の不用意な発言が物議を醸した。そのようなことがないように、行政手続法は、行政指導について定義を置くとともに、行政指導を行う際の一種独特なルールを定めているのである。

　なお、行政指導は、(1)規制的指導（建築物の高さを低くするように求めるなど、私人に対して法定外の規制に従うよう求める行政指導）、(2)調整的指導（紛争状態にある私人同士に対して利害の調整を行う行政指導）、(3)助言的指導（申

---

(3)　正確にいうと、政府内で検討されたのは、大臣が金融機関に対して、「自粛要請に従わない事業者に対しては今後取引を停止するように」という行政指導を行うことであり、関係がややこしいので注意されたい。

請の方法や補助金の交付などの便益について私人に教える行政指導）へと分類される[4]。行政手続法が念頭に置くのは、もっぱら(1)規制的指導である。

　規制的行政指導は、2つの局面で問題となってきた。1つ目は、海外の企業が日本市場に参入するときに、国の官庁から法定外の規制に従うよう求められるなど、外から見たとき市場参入に不透明な障壁が設けられていたという、非関税障壁の問題である。2つ目は、高度経済成長期に都市郊外のベッドタウンで展開された、市町村と開発事業者（デベロッパー）とのせめぎ合いである。続いては、後者の局面に焦点を当てて、判例が積み重ねられてきた歴史について参照したい。

---

2 品川マンション訴訟と武蔵野マンション訴訟

① 背景―要綱行政―

　開発事業者がマンションを建築するためには、乗り越えなければならない多くのハードルがある。まず、都道府県知事から開発許可を受ける必要がある（都市計画法29条）。開発許可の基準には、用途制限に適合していること（同法33条1項1号：立地基準）や地すべりなど土砂災害の防止上支障がないこと（同項8号：技術基準）など、様々な規定が盛り込まれている。その上で、都道府県（一定要件を充たした場合は、市町村）の建築主事から建築確認を受けて、建物自体が耐震構造を備えていること（単体規定）、接道義務を充たしていること、高さ制限、斜線制限、建蔽率・容積率の範囲内であること（集団規定）などを確認してもらう必要がある（建築基準法6条1項）。これらの規定に違反して無許可でマンションを建築すれば、開発事業者は処罰される。

　ところが、昭和40年代から、高度経済成長に伴う人口増加のために、大都市の郊外はベッドタウン化して、都市開発をめぐる様々な問題が頻発した。特に問題となったのが、ミニ開発と呼ばれる、開発許可を要しないギリギリの線（多くは1000㎡未満）を狙った宅地開発であった。郊外の市町村は、人口や税収が増えるのは良いけれども、あまりに急な人口増加に上下水道や道路などのインフラ整備が追い付かないと、地域の住環境が悪化するというジレンマを抱えた。乱開発への対応が、市町村の急務となったのである。

　そこで、健全な地域社会を形成するために、全国の市町村で策定されたのが、要綱である。**要綱**は、行政内部的に定められた規範のことであり、講

学上の行政規則に該当する。要綱の典型例である開発指導要綱には、開発許可や建築確認の申請をしてきた開発事業者に対して、①付近住民から開発計画に対する同意を得ること（同意条項）、②立地市町村と協議すること（協議条項）、③高さ制限、斜線制限、建蔽率・容積率について、法定外の規制に従うこと（規制条項）、④公共用地の提供や開発負担金の支払いなど、法定外の様々な負担に応じること（負担条項）という内容の行政指導を行うべきことが定められていた。言ってみれば、市町村の担当職員に対して、「開発事業者が開発を始めたら、このように対応せよ」と定めた行政内部のマニュアルである。要綱によって公共の利益を確保しようとした一連の行政活動のことを、**要綱行政**と呼ぶ。別に［要綱行政＝行政指導］というわけではないのだが、行政処分を行うには条例の根拠が必要であるため、要綱に基づいて行われる行政活動はおのずから行政指導ということになる。

　ところで、①②③④は、条例で定められた内容ではないので、開発事業者にはこれに従う法的義務がない。この点が行政指導の妙味であり、法的拘束力がないからこそ、逆に法律との抵触を気にすることなく自由に要綱の内容を定めることが許された。「法定外の規制」という言葉が頻出するのは、そのためである。④負担条項などは、道路や公園などインフラ施設を建築した上で市に無償譲渡せよなどという内容で、一見すると吉良上野介みたいな要求に感じられるのだが、それだけ急な人口増加によってインフラ整備が追い付かなかったという時代背景を理解しなければならない。

○要綱行政の背景

　少し話が脇道に逸れるが、「法定外の規制」を求める要綱行政が多用されたことには、まちづくりに関する条例の制定可能な範囲が現在とは比較にならないほど狭かったという理由がある。

(1)　法律先占論

　条例は「法律の範囲内」（憲法94条）あるいは「法令に違反しない限りにおいて」（地方自治法14条1項）制定することができる。しかし、か

つて支配的であった法律先占論によれば、条例の制定が許されるのは
法令が規制を施していない領域（未規制領域）に限られており、法令が
既に規制を置いた領域においては、——法令自身が細目事項を条例に
委ねたような場合を除いて——条例の制定が認められなかった。こう
した状況は、徳島市公安条例判決（最大判昭和50年9月10日刑集29巻8
号489頁）において、法令と条例の矛盾・抵触関係は法令の趣旨、目的、
内容、効果から読み取るべきことが明言されるまで続いた。

(2) 機関委任事務

　都市計画法関係の事務（開発許可など）は、かつては機関委任事務に
分類されていた。機関委任事務とは、国の大臣（具体的には建設大臣）
から都道府県知事など自治体の機関が事務の執行を委任された事務の
ことであり、事務の権限と責任は国に属するという前提から、これに
関する条例を制定することは認められていなかった。平成11年の地方
自治法改正（**分権改革**）によって機関委任事務は全廃され、現在では、
自治体が執行する事務についてはすべて条例を制定することが認めら
れている（地方自治法14条1項・2条2項）。

(3) 都道府県と市町村の事務配分

　さらに、建築確認や開発許可など、まちづくりに関する事務は基本
的に都道府県の事務であり、立地市町村にはほとんど権限が付与され
ていなかった。同じような事情は、廃棄物処理施設の設置を巡る水道
水源保護条例（阿南市事件：徳島地判平成14年9月13日判例地方自治240
号64頁）にも当てはまる。後述する武蔵野マンション事件において市
長がまちづくり関連法令の規制ではなく水道事業者としての給水拒否
という手段に出たのも、そのためである。分権改革以降、中核市や（旧）
特例市、条例による事務処理の特例などを通じて、都道府県から市町
村に対する事務移譲が積極的に進められてきたものの、この問題は
現在でも燻っている。

しかし、要綱行政には、法治主義の観点から大きな問題があった。「法定外の規制」を要請することが許容されるのは、行政指導に従う法的義務がないからである。だが、現実には、法的義務はなくとも、行政庁が許認可権限など各種の不利益取扱いの行使をちらつかせて、その相手方に対し、事実上行政指導に従うように強要することが少なくなかった。かくして、それに従う法的義務がないはずの行政指導の違法性が裁判で争われることになったのである。

② 建築確認の留保—品川マンション事件—

事の発端は、昭和47年10月28日、東京都品川区で、開発事業者Aがマンションを建設するために東京都建築主事に対して行った建築確認の申請（確認申請）である。当時の建築基準法では、建築主事は申請から21日以内に応答すべきと定められており[5]、同年11月下旬には応答しなければならなかった。しかし、付近住民が当該マンションの建設に反対していたため、東京都の紛争調整担当課職員は、Aに対して、付近住民と話し合って紛争を円満に解決するようにという内容の行政指導を行った。その間、建築確認の審査をしていた東京都建築主事は、同年12月末には申請自体に問題はないと判断し、いつでも確認済証を交付することができる「スタンバイ」の状態に入ったのだが（建築確認は、確認済証の交付によって効力を生じる。たとえば、建築物の建築は確認済証の交付を受けた後でなければすることができない〔建築基準法6条8項〕。）、上記の事情もあり、Aと付近住民との間で話が付くまで建築確認を留保することにした。

ところが、昭和48年2月15日になり、東京都は新高度地区案を発表し、すでに確認申請をしている建築主に対しても高さを低くしたり、容積率や建蔽率を下げるといった設計変更を求める方針が示された。むろん、先に

---

[5] 現在は35日以内とされている（建築基準法6条4項）。法定された標準処理期間（行手法6条）と理解すれば良い（→第2章49頁）。

申請をしているＡに対しては「後出し」の新高度地区案の効力は及ばない
ので、別にＡが従う義務はないのだが、これまで行政指導に従ってきた立
場としては、今後も（新高度地区案を含めた）東京都の行政指導に従い続け
るべきか、選択を迫られたのである。

　Ａの選択は、もう行政指導に従うことはできないので、一日も早く建築
確認を出すようにと求めることであった。かくして、同年３月１日、東京
都建築審査会に対し、自身の申請を速やかに処理するように不作為の違法
確認を求める審査請求を申し立てた。これは行政不服申立てといって、訴
訟とは異なり行政機関に対して処分の不服を申し立てる手続なのだが、訴
訟に準じた相当な覚悟が必要な手続である。

　同年４月２日、ようやくＡは確認済証の交付を受けることができた。し
かし、それまでの間、違法な建築確認の遅延によって損害を受けたとして、
東京都に対し、同年１月５日から約３か月分の損害賠償を請求したという
のが、事案の概要である。厳密にいうと、行政指導の違法性というよりも、
むしろ確認処分の遅延の違法性が争われた事案なのだが、行政指導の限界
の法理を明らかにした判決として理解されている。

　最判昭和60年７月16日民集39巻５号989頁は、建築主が任意に行政指導
に応じている間は建築確認を留保しても違法ではないけれども、建築主が
行政指導には応じられないとの意思を真摯かつ明確に表明し、確認申請に
直ちに応答すべきことを求めている場合には、「行政指導に対する建築主
の不協力が社会通念上正義の観念に反するものといえるような特段の事
情」がない限り、行政指導が行われているとの理由だけで確認処分を留保
することは違法であるとした。具体的には、昭和48年３月１日以降の確認
処分の遅延が違法とされて、その分の損害賠償が認められた。

　行政指導の継続の可否を巡って争われた品川マンション事件、果たして
勝者は事業者か、それとも行政であったのか。見解は分かれ得るが、両者
の「痛み分け」で決着したというのが、多くの見方である。一部認容判決が
下されたとはいえ、確認申請から昭和48年３月１日まで行われた行政指導

については適法とされたのだから、この点では行政に譲歩している。行政指導が違法と評価されたのは3月1日以降の1か月分であって、事業者が請求した年初から3か月の賠償額のうち、2か月分は認められなかったのである。

　それでは、なぜ確認申請から3月1日までの行政指導の継続は違法でないと評価されたのだろうか。一言でいうと、事業者が明確な拒絶の意思表示を行っていなかったからである。しかし、普通の感覚で考えれば、事業者が行政指導に心の底から納得し、率先して付近住民の合意を取り付けようと奔走していたわけがなく、内心は嫌々ながらに決まっている。流行りのハラスメント案件ならば、事業者としては嫌々ながら従っていただけなんです、最初から嫌だったんです、内心でも嫌がっていれば相手には伝わらなくてもハラスメント成立ですということで行政の敗北になるが、さすがに最高裁はそんな予測可能性を無視した判断は下さない。行政から見た予測可能性の確保と言い換えることも可能だろう。

　Aに対する「付近住民と話し合って紛争を円満に解決するように」という内容の行政指導には、「円満な解決がなされない間は確認処分を行わない（けれどもそれで良いですね？）」という含意がある。Aは、3月1日までは、この趣旨を含んだ行政指導に対し、明確な拒絶の意思表示をしていなかった以上、確認処分の遅延は違法とは評価されないということである。行政と事業者との間のギリギリのせめぎ合いの中で行われる行政指導の特質を踏まえれば、最高裁が行政指導の適法／違法の評価に白黒つけることをせず、駆け引きの要素を残したことは適切であったと思われる。

○なぜ4月2日まで遅れたのか
　建築主事は、昭和47年末にはいつでも確認済証を交付することができる「スタンバイ」の状態にあったにもかかわらず、昭和48年3月1日に審査請求が行われてから実際の確認済証の交付までさらに1か月余を要したことは、釈然としないかもしれない。

実は、Aは審査請求の提起と並行して付近住民との話し合いを続けており、3月30日にすべての付近住民との間で話がついたことで、建築主事による4月2日の確認済証の交付へと結び付いたのである。

　私たちはどうしても判決が下された後の未来の視点で考えるので、当事者の行動を不可解に感じることがある。しかし、最判昭和60年7月16日が下されるまで、「相手方が拒絶の意思表示をした後の行政指導は違法となる」という法理は示されていなかったことを忘れてはならない。それゆえに、Aは3月1日以降も行政指導に従い続けたし、建築主事も行政指導を続けて確認処分を留保し続けたのである。実際の事件は、当事者の駆け引きなど、実務的な多くの示唆に溢れているので、時間があれば、判決の原文に当たることをお薦めする。

③ 給水契約の拒否―武蔵野マンション事件―

　ちょうど同じ頃、東京都武蔵野市では、当時の市長の強い意向により、乱開発を防ぐための様々な手立てが講じられていた。代表的な取組みが昭和46年に制定された「宅地開発等に関する指導要綱」であり、10m以上の中高層建築物を建てる場合には日照に影響を受ける関係住民の同意を得ること、建設計画が15戸以上の場合には小中学校の用地取得費・施設建設費を「教育施設負担金」として市に寄付することなどを、行政指導によって開発事業者に求めていたのであった。

　そのような中、関係住民の過半数の同意は得たものの、どうしても全員の同意を取り付けられなかった開発事業者Bと、あくまでも関係住民すべての同意を得るように（行政指導を通じて）求める市長との間で紛争が生じた。この紛争は、具体的には、市（水道事業者）と住民（需要者）との給水契約の締結を巡る争いという形をとった。Bはその建設したマンションについて市長に給水契約を申し込んだものの、申込書の受領が拒絶されたために水道を引くことができず、このままでは購入者も入居することができな

くなった。俗に「水攻め」などと称される、給水拒否の手法であり[6]、事実上の強制的な手法によって、行政指導に従わせようとしたのである。

　反発したBは、対抗措置として、市長は「正当の理由」なしに給水契約の締結を拒否することを禁じる水道法15条1項（「水道事業者は、事業計画に定める給水区域内の需要者から給水契約の申込みを受けたときは、正当の理由がなければ、これを拒んではならない。」）に違反したとして、刑事告発を行った。水は人間の生存に不可欠なものである以上、「正当の理由」がなければ、水道事業者は契約を締結して水を供給する義務を負うのである。市長は起訴されて、最決平成元年11月8日判時1328号16頁（武蔵野マンション刑事事件決定）は、行政指導に従わせるために給水契約の締結を留保することは許されないとして、「正当の理由」を認めず、市長を有罪とした。「水道法上給水契約の締結を義務づけられている水道事業者としては、たとえ右の指導要綱を事業主に順守させるため行政指導を継続する必要があったとしても、これを理由として事業主らとの給水契約の締結を留保することは許されない」というのが、最高裁の論理である。

○給水拒否は常に違法か

　ところで、いかなる場合であっても水道事業者は給水契約の締結に応じなければならないのかという疑問が生じることと思う。福岡県志免町（しめまち）が420戸分の給水契約の申込みを拒否した事案では、最判平成11年1月21日民集53巻1号13頁が、このままでは深刻な水不足が避けられないといった事情があるときは、水需要の著しい増加を抑制するために給水契約の締結を拒否することにも「正当の理由」（水道法15条1項）があるとした。無い袖は振れないということである。

---

(6)　ただし、黒田官兵衛などが備中高松城などで行った「水攻め」は、これとは逆に大量の水を注ぎこむことによって籠城している相手方を孤立させるという手法である。武蔵野マンション事件の手法は、むしろ兵糧攻めに近い。

武蔵野市では、もう１つ、行政指導に従って市に1500万円余りの教育施設負担金を納付した事業者Ｃが、負担金の要求は違法な「公権力の行使」であるとして、納付額分の損害賠償を市に請求したという事案がある。最判平成５年２月18日民集47巻２号574頁（武蔵野マンション民事判決）は、給水契約の締結拒否等の制裁措置を背景として、マンションを建築しようとする者に教育施設負担金の納付を事実上強制したものであり、本来任意に寄付金の納付を求めるべき行政指導の限界を超えた違法な「公権力の行使」であるとして、請求を認容した。

　次節では、これらの判例法理を受けて、行政手続法がいかなる規律を設けたのかについて、行政指導の実務的な課題と併せて検討する。法社会学の始祖エールリッヒが説いた「生ける法」が裁判規範となり、国家制定法へと昇華した非常に興味深い展開に注目していただきたい。

3 行政手続法による規律

① 不服従を理由とする不利益取扱いの禁止

　判例の展開を受けて、平成5年に制定された行政手続法では、1つの章（第4章）を設けて行政指導の実体的・手続的ルールが定められた。同法32条1項は、「行政指導に携わる者は、いやしくも当該行政機関の任務又は所掌事務の範囲を逸脱してはならないこと及び行政指導の内容があくまでも相手方の任意の協力によってのみ実現されるものであることに留意しなければならない。」と定めるとともに、同条2項において、「行政指導に携わる者は、その相手方が行政指導に従わなかったことを理由として、不利益な取扱いをしてはならない。」と規定することで、武蔵野マンション刑事事件決定（最決平成元年11月8日）を確認している。

　なお、通常は不利益処分としての措置命令を検討する局面であっても、まずは（規制的）行政指導を行って任意の改善を促すことがほとんどであるが、この行政指導に従わなかった場合に措置命令を行うことは、「不利益な取扱い」には当たらない（富山地判平成18年4月12日税務訴訟資料256号順号10363）。勧告などの行政指導に従わなかったことが不利益処分の発動要件として法定されている場合についても同様である（空家等対策の推進に関する特別措置法22条3項など）。

② 拒絶後の行政指導の継続の禁止

　「申請の取下げ又は内容の変更を求める行政指導にあっては、行政指導に携わる者は、申請者が当該行政指導に従う意思がない旨を表明したにもかかわらず当該行政指導を継続すること等により当該申請者の権利の行使

を妨げるようなことをしてはならない」(行手法33条)。言うまでもなく、品川マンション判決 (最判昭和60年７月16日) を確認した規定であるが、全体のトーンは、少し行政にとって厳しい方向へと変わっている。たとえば、行政指導への拒絶の意思表明について付されていた「真摯かつ明確に」という文言は盛り込まれず、例外的に行政指導の継続を容認する「行政指導に対する建築主の不協力が社会通念上正義の観念に反するものといえるような特段の事情」という言い回しは削られた。

なお、法律に根拠のある行政指導に限った話だが、当該行政指導が法律の要件に適合しないと思料する相手方は、行政指導の中止等の求めを行うこともできるようになった (行手法36条の２)。

○行政指導の継続を正当化する「特段の事情」

品川マンション判決を素直に読めば、「行政指導に対する建築主の不協力が社会通念上正義の観念に反するものといえるような特段の事情」がある場合には、行政指導の継続が例外的に許され得ることになる。具体的に想定されるのは、事業者と付近住民との間に実力衝突が起きる危険が存する場合である。

中野区マンション事件は、建設現場に向けて必要な資材を搬入するために用いる車両の幅が通行経路上の制限基準に抵触する関係で、建設会社が道路管理者である中野区に対し特殊車両通行認定 (車両制限令12条) を申請したところ、付近住民の間で反対運動が起きていることを理由として５か月余りも認定を留保されたという事案である。

最判昭和57年４月23日民集36巻４号727頁は、特殊車両通行認定は、「基本的には裁量の余地のない確認的行為の性格を有するものであることは……明らかである」とした上で、その「制度の具体的効用が許可の制度のそれと比較してほとんど変るところがないことなどを勘案すると」、「具体的事案に応じ道路行政上比較衡量的判断を含む合理的な行政裁量を行使することが全く許容されないものと解するのは相当

でない」とかなり苦しい一般論を呈示した上で、5か月間も認定を留保した理由は、認定を行ってマンションの建設が開始されれば建設会社と付近住民との間で実力による衝突が起こる危険を招来しかねず、中野区長の認定留保は、危険回避のためと考えれば行政裁量の行使として許容される範囲内であり、違法性はないとした。

③ 権限を行使できない場合等の行政指導

　許認可権を有する行政機関が当該権限を行使することができない場合又は行使する意思がない場合にする行政指導にあっては、当該権限を行使し得る旨を殊更に示すことにより相手方に当該行政指導に従うことを余儀なくさせるようなことをしてはならない（行手法34条）。権限を行使できないにもかかわらず、相手方に対し、「いざとなったら当方は権限を行使し得るのだぞ」などという欺罔的手法を用いてはいけないというのは、当然の事理であり、こうした戒めが加えられたこと自体、行政関係者は反省すべきことである。

④ 責任者等の明示、書面の交付

　行政手続法は、行政指導の手続的ルールとして、「行政指導に携わる者は、その相手方に対して、当該行政指導の趣旨及び内容並びに責任者を明確に示さなければならない」（行手法35条1項）という方式に関する定めを置いた。求められている内容が不明確であると、相手方も具体的に何をすれば良いのか分からず、困惑するばかりだからである。また、責任者を示すことで、行政指導の趣旨を質すなど、問合せの便宜にも資する。

　次に、行政指導をする際に、許認可権などの権限を行使し得る旨を示すときは、①根拠となる法令の条項、②当該条項に規定する要件、③当該権限行使が②に適合する理由について示さなければならない（同条2項）。これは前条の場合とは異なり、行政指導に従ってもらうための説得手段の1

つとして、「強硬手段に出ることもできるが、なるべくそれは避けたい」という旨を相手方に告げることを許容したものである。ただし、強硬手段に出られるか否かについて行政当局と相手方との間で認識に齟齬があってもいけないので、①②③の事項を明示することを求めている。

さらに、行政指導が口頭でされた場合において、相手方から前二項に規定する事項を記載した書面の交付を求められたときは、行政上特別の支障がない限り、これを交付しなければならない（同条3項）。行政指導の内容を明確化する趣旨とともに、法定外の規制を求める行政指導については、それに従うか否かを巡る争いになることが少なくないため、行政指導で何を要求されたのか、証拠を書面で残しておく趣旨（不服申立ての便宜）も含まれている。

⑤ 行政指導指針

行政指導指針とは、「同一の行政目的を実現するため一定の条件に該当する複数の者に対し行政指導をしようとするときにこれらの行政指導に共通してその内容となるべき事項」をいう（行手法2条8号ニ）。要するに、要綱のことである。**行政指導指針**は外部への法的拘束力はなく、あくまでも自治体職員の内部を拘束するにとどまる。しかし、その重要性にかんがみて、複数の者に行政指導をしようとするときは、行政機関は、「あらかじめ、事案に応じ、行政指導指針を定め、かつ、行政上特別の支障がない限り、これを公表しなければならない」（行手法36条）とされた。また、行政指導指針を定める際には、政省令や審査基準、処分基準などと同様に意見公募手続（パブリック・コメント）に付すことが義務付けられた（行手法38条以下）（→詳細は、第5章）。

4 自治体法務における工夫

　自治体職員が行う行政指導には行政手続法の適用はなく（同法3条3項）、各自治体の行政手続条例が適用される。行政処分の場合は根拠規定が法律／条例のいずれであるかによって行政手続法／行政手続条例のいずれが適用されるのかを分けたのに対して、行政指導の場合はそれを行うのが国の機関であれば行政手続法が、自治体の機関であれば当該自治体の行政手続条例が適用されるという区分けがされた。恐らくは、必ず法律・条例の根拠を必要とする行政処分に対し、行政指導の場合は法律・条例の根拠が不要であり、行政処分のような区分けが採用できなかったからであろう。

　ともかく、行政手続法の精神を没却するような条例の規律は許されなくとも、多少のアレンジを加えることは認められたわけである。たとえば、横須賀市行政手続条例31条1項は行政手続法33条の定めとほとんど同じであり、申請者が行政指導に従う意思がない旨を［明確に］表明した場合の行政指導の継続を許さないという、品川マンション判決を確認した規定である（ただし、「明確に」という文言が加わった分だけ、行手法33条よりも相手方にとって厳しい要素が残されている）。

　ところが、横須賀市行政手続条例31条には2項が置かれており、そこでは、「前項の規定は、当該申請者が行政指導に従わないことにより公益を著しく害するおそれがある場合に、当該行政指導に携わる者が当該行政指導を継続することを妨げない」と定められて、中野区マンション判決が示唆したような、公益を著しく害する場合に行政指導を例外的に継続し得ることを明文で認めている。

　巻末資料に掲載した神奈川県行政手続条例の規定についても、ぜひ自分の目で確かめてほしい（同条例36条などは、実に味わい深い規定である）。

○横須賀市行政手続条例

平成8年3月27日　条例第3号

（申請に関連する行政指導）

第31条　申請……の取下げ又は内容の変更を求める行政指導にあっては、行政指導に携わる者は、申請者が当該行政指導に従う意思がない旨を明確に表明したにもかかわらず当該行政指導を継続すること等により当該申請者の権利の行使を妨げるようなことをしてはならない。

2　前項の規定は、当該申請者が行政指導に従わないことにより公益を著しく害するおそれがある場合に、当該行政指導に携わる者が当該行政指導を継続することを妨げない。

　横浜市行政手続条例32条は、少し異色の規定ぶりとなっている。同条2項が行政手続法33条と同様の規定を置く一方で、横浜市行政手続条例32条1項は、「申請の取下げ又は内容の変更を求めるもの」以外の行政指導一般について、「その相手方が当該行政指導に従わない場合には、その従う意思がない旨の明確な表明の有無、当該行政指導の目的とする公益上の必要性と相手方が受ける不利益との比較等を総合的に判断して、当該行政指導を継続するか否かを決定しなければならない」とする。素直に読むと、一般的な行政指導の継続の可否については総合考慮によって決するのに対し（同条1項）、「申請の取下げ又は内容の変更を求めるもの」については明確な拒絶の意思表示があった場合には継続してはならない（同条2項）とする規律にみえる。

○横浜市行政手続条例

平成7年3月24日　条例第15号

（行政指導の継続等）

第32条　行政指導に携わる者は、その相手方が当該行政指導に従わない場合

には、その従う意思がない旨の明確な表明の有無、当該行政指導の目的と
する公益上の必要性と相手方が受ける不利益との比較等を総合的に判断し
て、当該行政指導を継続するか否かを決定しなければならない。

2　前項の場合において、当該行政指導が申請の取下げ又は内容の変更を求
めるものであるときは、行政指導に携わる者は、申請者が当該行政指導に
従う意思がない旨を明確に表明したにもかかわらず当該行政指導を継続す
ること等により当該申請者の権利の行使を妨げるようなことをしてはなら
ない。

　この論点は、横須賀市行政手続条例31条2項のような明文の定めがない
場合には、相手方に行政指導への服従を（明確に）拒絶されたならば、当該
行政指導の継続は一切許されないことになるのかという問いに繋がる。難
しい問題であるが、中野区マンション判決と品川マンション判決は行政手
続法・条例の施行後もなお生きているので、例外的事情を明記した規定が
なくとも、公益を著しく害する「特段の事情」が認められる場合には、行政
指導の継続が適法と認められる余地があると考えるべきであろう。

○同意条項の帰趨

　職員研修で「まちづくり条例」の素案を作成してもらう場合、結構
な割合で現れるのが、施設の付近住民の同意を許可要件に盛り込む「同
意条項」である。実務上も時折見かける同意条項であるが、裁判で争
われた場合、ほぼ違法・無効という判断が下されるものと考えた方が
良い。というのも、事業者にも憲法22条1項によって経済活動の自由
（営業の自由）が保障されている以上、施設の設置を拒否することがで
きるのは、それを上回る「公共の福祉」が存在する場合に限られるか
らである。

　施設から汚水が流出し、付近住民の健康被害を防ぐ手立てがない場
合であれば、営業の自由よりも「公共の福祉」が上回るといえるけれ

ども、付近住民が施設の設置に反対しているという事情だけでは、営業の自由を上回る「公共の福祉」の存在は根拠付けられない。むろん、多くの場合は、付近住民が施設の設置に反対するのは汚染水の流出をおそれるためであろう（その意味で、実態としては、付近住民が強く反対していることと、当該施設の設置について営業の自由よりも「公共の福祉」が上回っているということに、一定の関係は認められよう）。しかし、汚染水の流出の危険がなくなったとしても納得できない住民は反対するものであるし、全く逆に、汚染水が流出するとしても施設の設置に同意する住民は存在する。

　施設設置の現実の障壁が住民同意にあることは間違いない。しかし、住民同意と公共の福祉の確保を安易に結び付けるのは危険である。同意条項を法定することは、付近住民に施設設置の拒否権を与えるに等しいやり方であり、行政とは異なって当該権限が適正に行使される保証はどこにもない。極端な話、事業者が（費用対効果に見合わないレベルの）巨額の資金をバラまけば、汚染水の流出という問題が解決していないとしても、ほとんどの住民は施設の設置に同意するであろう。事業者に対し住民同意を求めるのはあくまでも任意の行政指導レベルの話であって、許可要件（＝付近住民の拒否権）にまで結び付けると、武蔵野マンション刑事事件を引くまでもなく、違法という評価を免れないことになる。

5 行政指導が問題となる紛争事例

① 概要

　行政処分の場合、その違法性は、審査請求、抗告訴訟そして国家賠償請求を通じて争われることが明快に定められている。これに対し、行政指導の違法性が争われるルートには定まったものがない。

　まず、法律に根拠の置かれている（規制的）行政指導については、相手方がその要件に適合しないと思料するときには、申出によってその中止を求めることが認められている（行手法36条の２第１項）。これは、行政不服審査法の改正に併せて行われた平成26年法改正で追加された条文である。行政指導の中止の求めがなされた場合には、行政処分の争訟取消しのように、審査庁や裁判所などによって行政指導が取り消されたり、中止するように強制されたりするわけではなく、中止するか否かを決めるのは、あくまで行政機関の判断である（同条３項）。裁判所に対し法的拘束力のある判断を求めるならば、公法上の当事者訴訟として行政指導の違法確認を求める訴えを提起するほかないが（行訴法４条後段）、確認の利益が認められるかは疑わしい。

　次に、非常に例外的な場合に限り、行政指導それ自体に対しても審査請求や抗告訴訟の提起が認められることがある。

○行政指導と抗告訴訟

　極めて例外的に、行政指導である病院開設中止勧告にも抗告訴訟の対象となる「処分性」を見出し、取消訴訟を提起してその違法性を問うことを認めた事例も存在する（最判平成17年７月15日民集59巻６号

1661頁）。しかし、その妥当性には異論も根強く[7]、何よりも自治体法務への示唆に乏しい。受験参考書ではないので、行政指導に対する抗告訴訟の考察は省略する。

行政指導それ自体に対する争訟の提起ではないのだが、品川マンション事件のように、申請の取下げやその内容の変更を求める行政指導に対しては、しばしば不作為の違法確認を求める審査請求（行審法3条）や抗告訴訟（行訴法3条5項）が提起される。平成16年の行政事件訴訟法改正により、不作為の違法確認訴訟には、申請に対する許認可処分をするように義務付ける訴訟（申請型義務付け訴訟）を併合提起するルートが正面から認められたため（行訴法3条6項2号）、相手方にとっては事案の端的な解決が近付いたといえる。

となると、行政指導の違法性が争われる主戦場は国家賠償訴訟であると考えて良い。判例の採用する広義説では、私人が違法な行政指導によって被った損害については、国・自治体に対する国家賠償請求によって救済を図ることが認められている[8]。

行政指導の違法性が争われる事案は、大きく3つに整理される。①行政指導に対する「任意の」協力を求めるプロセスが問題となったものとして、給水拒否を背景に教育施設負担金の納付を事実上強制した武蔵野マンション民事判決のような事例のほか、制裁的公表の適否が争われた事案がある。品川マンション判決も①の類型といえなくもないが、行政指導それ自体の違法性を問うたというよりは、むしろ建築確認の申請に対する応答が遅れたことの違法性が問題とされた事案である。②行政指導の内容が誤っていた事案は、純粋な意味で「行政指導の違法」が問われるケースといえる。③

---

(7) 塩野宏『行政法Ⅱ〔第6版〕』（有斐閣、2019年）122頁以下。
(8) 板垣勝彦『公務員をめざす人に贈る行政法教科書〔第2版〕』（法律文化社、2023年）178頁以下。

行われるべき行政指導が行われなかった権限不行使の違法性が争われる事案については、行政介入請求の問題と併せて説明する。

② 行政指導に対する「任意の」協力を求めるプロセスの違法性

自治体実務では、行政指導に従うことを促すために、それに従わなかったという事実（行政指導の内容、相手方の氏名等）を公表するという「**違反事実の公表**」が、広く行われている。こうした違反事実の公表は、①広く住民に向けた**情報提供の趣旨**である場合には、個別的に条例の根拠も事前手続も要しないのに対して、②相手方に対する制裁の意図である場合（**制裁的公表**）には、侵害に該当するため、個別的な条例の根拠と事前手続を要する。

制裁的公表と、行政指導に従わなかったことを理由にした不利益取扱いの禁止とはいかに折り合いをつけるか。成田市行政手続条例30条2項ただし書などは、本文で不利益取扱いの禁止原則を定めた上で、「ただし、他の条例で定めるところにより、市の機関が行政指導の事実その他当該条例で定める事項……を公表することを妨げない。」と規定する。これは、個別の条例に根拠がある場合については、違反事実の公表（②制裁的公表）も、例外的な取扱いとして容認するという建付けである（①情報提供の趣旨の公表の場合は、そもそも「不利益な取扱い」には該当せず、条例の根拠なく行うことが認められる）。

多くの自治体の行政手続条例にはこうした明文規定は置かれていないが、個別条例に定めがあれば、②制裁的公表を行うことも認められよう[9]。つまり、成田市行政手続条例30条2項ただし書は確認規定である。

実際上は、①情報提供の趣旨の公表についても、②制裁的公表と紙一重であって、截然と区別できないことが少なくない。もし新規に違反事実の公表を制度化しようとするときは、①②の性質を問わず、条例にその根拠

---

(9) 室井力ほか編『コンメンタール行政法Ⅰ 行政手続法・行政不服審査法〔第3版〕』（日本評論社、2018年）257頁（紙野健二）。

第4章 行政指導

規定を置くとともに、相手方に対する意見聴取など、不利益処分に準じた事前手続を規定すべきである（参照、成田市行政手続条例30条3項）。

○成田市行政手続条例
平成9年3月31日　条例第1号
（行政指導の一般原則）
第30条　行政指導にあっては、行政指導に携わる者は、当該市の機関の任務又は所掌事務の範囲を逸脱してはならないこと及び行政指導の内容が相手方の任意の協力によってのみ実現されるものであることに留意しなければならない。
2　行政指導に携わる者は、その相手方が行政指導に従わなかったことを理由として、不利益な取扱いをしてはならない。ただし、他の条例で定めるところにより、市の機関が行政指導の事実その他当該条例で定める事項（次項において「事実等」という。）を公表することを妨げない。
3　前項ただし書の場合において市の機関は、事実等を公表しようとするときは、当該行政指導の相手方に意見を述べる等の機会を与えなければならない。

　また、①情報提供の趣旨であるか②制裁的公表であるかを問わず、当該公表によって違法に損害を被った私人がいた場合には、国家賠償請求を免れない。那覇地判平成20年9月9日判時2067号99頁は、旧宮古島上水道企業団が温泉施設を運営する医療法人に対し排水の地下浸透処理を中止するよう要請した行政指導の実効性を確保するために、地下水の塩素イオン濃度急上昇の原因が「温泉排水の影響によるものと判断される」、「今後の影響が懸念される」と公表した事案である。医療法人からの国家賠償請求に対し、那覇地裁は、公表目的の正当性、必要性、時期及び内容の相当性に照らして違法性は認められないとして、請求を棄却している。

③ 行政指導の内容の誤り

　誤った内容の行政指導に私人が従ったことで損害が生じる場合は少なくない。市立公園の使用許可申請に対し不許可処分を下すことが違法であるにもかかわらず、担当職員が許可することはできないという誤った認識をもって行政指導を行った事案において、大阪地判平成25年12月12日判例地方自治394号10頁は、国家賠償法上違法である（かつ、担当職員にも過失があった）として請求を認容している。農用地利用計画の用途区分の変更について、村の担当職員からの行政指導に従って申出書を作成したにもかかわらず、結局受理されなかったことで損害を被ったという事案についても、名古屋地判平成14年３月20日判例地方自治240号102頁は、担当職員は受理の要件や見通しについて誤解を生じさせないように正確な情報を伝える注意義務に違反した違法が認められるとして、請求を認容している。

④ 権限不行使の違法性

　令和３年７月に熱海市で発生した土砂災害は、斜面上部に不法投棄された建設残土の崩壊によって引き起こされたと考えられている。こうした違反事実を把握したとき、いきなり宅地造成等規制法や自主条例に基づく措置命令が発せられることはなく、（規制的）行政指導を繰り返すことで事態の打開を図るのが通常である。行政指導は、法的拘束力のない任意の「お願い」であって角を立てることがなく、不利益処分における告知と聴聞のような厳格な事前手続も課せられないので、国・自治体を問わず、穏当かつ使い勝手の良い手段として多用されている。

　しかし、土砂災害の事例が示すように、実効性のない「お願い」である行政指導をただ繰り返すだけで、事業者が言うことを聞かなければ放置するというのでは、自治体の責任の放棄である。もちろん、法律というものは本来が行政の権限行使を抑制する方向で構築されており（比例原則）、ソフトな手段で事態が解決するならば、それに越したことはない。自治体職員

の行動原理も、権限行使の行き過ぎを控える方向で動いてきたことと思われる。

　そうはいっても、災害現場の付近住民のように、行政による規制権限の行使によって自身の生命・身体の安全が守られる構図にある私人（規制受益者：X）からしてみると、建設残土を不法投棄する事業者（規制対象者：A）との間で直接交渉しようにも、全く相手にしてもらえないことが少なくない。やはり行政による規制権限の発動に期待せざるを得ないのだが（期待可能性）、行政は民事不介入であるとして、私人間の紛争における一方当事者に肩入れすることには及び腰である。他方で、私人から紛争解決のために行政の介入を求める動き（**行政介入請求**）は、年々強まっている。

　従来、非公式な形で自治体現場に寄せられてきた住民の要望や苦情について、平成26年の行政手続法改正は、「**処分等の求め**」の申出として実定法化した。何人も、法令に違反する事実がある場合において、その是正のためにされるべき処分又は行政指導（法令に根拠がある場合に限る）がなされていないと思料するときは、権限を有する行政庁・行政機関に対し、その旨を申し出て、当該処分・行政指導をすることを求めることができる（行手法36条の３第１項）。処分等の求めの申出は、「何人も」行うことができ、原告適格のような絞りはない。その代わり、義務付け訴訟の認容判決のように、行政庁・行政機関が処分・行政指導を行うように拘束されることもなく、バランスを取っている（同条第３項参照）。

　それでは違反事実に対し手を拱

出典：2021年８月３日「毎日新聞」朝刊

いていてもお咎めなしかといえば、そんなことはない。行政庁が悪質な事業者に対する権限行使を控えたばかりに大規模災害が発生して、多くの人命が失われるようなことが生じた場合、行政庁（が所属する自治体）は、今度は犠牲者との関係で「事業者に対し必要な権限を適切に行使しなかった責任」（**規制権限不行使の国家賠償責任**）を問われるのである。

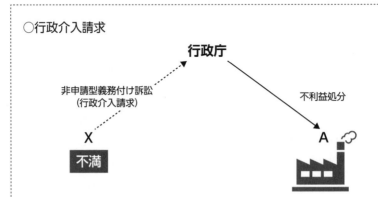

○行政介入請求

行政庁

非申請型義務付け訴訟
（行政介入請求）

不利益処分

X

不満

A

出典：板垣勝彦『公務員をめざす人に贈る行政法教科書〔第2版〕』（法律文化社、2023年）201頁

　X（規制受益者）から見ると、Xが行政に対して私人X―A間の紛争に適時・適切に介入し、紛争を解決するために、場合によっては、A（規制対象者）に対する規制権限を行使するよう請求するという、行政介入請求の構造になっている。

　このまま放っておけば被害が生じる（拡大する）という場合に予防的に行われるのが、行政指導の求めや処分等の求め（行手法36条の3）であり、非申請型義務付け訴訟（行訴法37条の2）である。

　これに対して、被害が現実化した後で損害賠償を求める局面が、規制権限不行使の国家賠償請求である。

　最高裁は、「国又は公共団体の公務員による規制権限の不行使は、その権限を定めた法令の趣旨、目的や、その権限の性質等に照らし、具体的事情

の下において、その不行使が許容される限度を逸脱して著しく合理性を欠くと認められるときは、その不行使により被害を受けた者との関係において、国家賠償法１条１項の適用上違法となる」（最判平成16年10月15日民集58巻７号1802頁）として、規制権限の不行使が（消極的な）権限の逸脱・濫用と評価される場合には、国家賠償責任が認められるとする。具体的な判断要素として、①法益侵害の重大性（生命、健康、財産など、結果は重大な法益に関わるものであるか）、②結果の予測可能性（結果の発生が具体的に予測できたか）、③結果回避可能性（行政が適切な行動をしていれば、結果の発生を防ぐことができたか──因果関係）、④期待可能性（私人の問題解決能力の限界から行政に期待せざるを得ない状況であったか）が挙げられる。

　このうち、①法益侵害の重大性について、生命や健康に関わる問題であるときは、詐欺的商法の規制のように財産侵害の事案よりも、求められる②予見義務や③結果回避義務の程度は高くなる。②結果の予測可能性は、薬害（スモン、Ｃ型肝炎、イレッサ）や労働衛生災害（じん肺、アスベスト）における健康被害発生のメカニズムの知見について問われることが多い。土砂災害の事例でいえば、付近住民から頻繁に苦情が寄せられていた（処分等の求めの申出が行われていた）という事情があれば、自治体の担当職員にとって結果の予測可能性が認められることになろう。③結果回避可能性というのは、執るべき措置を執っていれば結果が防げたかという因果関係の要素である。もしも行政庁が果敢に措置命令を発して事業者に盛土を除却させることに奏功していれば、土砂の崩落は生じなかったといえるかが争われる。むろん、いかに罰則付きの措置命令が発せられたとしても、頑として従わない事業者は存在するのだが、措置命令で課せられた義務が代替的作為義務ならば代執行に踏み切ることが可能なので、損害回避のための抜本的な措置が執り得たといえる（参照、大阪地判昭和49年４月19日判時740号３頁）。

　そうはいっても、行政処分を行うためには法律・条例の根拠が必要なことは注意する必要がある。法律・条例で規定が置かれていなければ、行政

庁としては行政処分を行いようがないので、その意味で責任を問われることはない（むしろ、立法不作為の問題である）。これに対して、行政指導の場合、根拠規定がなくとも行うことができるという違いがある。こうした場合、行政指導の不行使について、担当者は責任を問われ得るのか。

　通常、行政指導では相手方に法的拘束力が生じないので、行政指導を［さえ］行わなかったとしても、結果回避可能性が認められることはない。行政指導を繰り返したところで、相手方が素直に従ったことの確証はとれず、結果が回避できたとはいえないからである。ただし、水俣病訴訟に係る東京地判平成４年２月７日訟務月報38巻11号1987頁などは、事実上の強制的要素を伴い、関係者においても通常それに従うであろうと推測できる事情がある場合など「極めて限定された状況にある」といえるとして、行政指導の不行使について国家賠償請求を認容した（その他、貸金業者に対する行政指導の不実施について、大阪地判平成９年10月17日判タ962号118頁）。

　行政指導「さえ」行わなかったことの不作為よりも、実務的に追及されることが圧倒的に多いのは、法的拘束力のある措置命令（行政処分）を行わなければいけなかったのに、行政指導で済ませようとした（行政指導「しか」しなかった）ことの不作為の違法である。権限行使の過剰を戒める従来型の比例原則の発想（過剰禁止）では、どうしても現場は日和見になりがちであるが、行政指導にとどめて適正な水準の権限行使を怠ったことで損害が発生したような場合にも、行政は責任を追及され得る（過少禁止）。現代の行政現場には、その程度が過少にも過剰にもならない、適切な水準の権限行使が求められるのである。

第5章

意見公募手続
(パブリック・コメント)

行政手続法における 制度創設の経緯

① 1つの逸話

> 「ある海岸沿いの空港建設に際し、土木工学、地質学、気象学、海洋生物学、建築学、航空力学等々の関連する諸分野から専門的知見を集約して滑走路の位置・方向の選定が行われたが、この建設計画がとある地元漁民の素朴な疑問をきっかけに全面的に見直されたのだという。この漁民は、毎日のように建設予定地付近の海で漁をしていて、海上での風向や風力の一日における変化や季節による変化、突風の吹く時期・風向・風力などを肌で知っていた。そうした経験をもとに、漁民は、計画案にしたがう限り、付近に特有の突風が横風となって飛行機の離発着に作用するが、それでも大丈夫なのか問うたのだという。詳しく調査してみると、漁民のいうことはそのとおりで、突風は実際に存在し、それは離発着の安全を脅かしかねないほどのものであった。かくして、滑走路の計画は全面的に見直されることになったという。」
> （常岡孝好『パブリック・コメントと参加権』（弘文堂、2006年）i頁）

　行政活動に先立って公衆から意見を募集し、参考になるものがあれば政策決定に反映させていくしくみのことを、**パブリック・コメント**という。広く会議を興し、万機公論に決すべしという精神を思わせる制度である。冒頭の逸話（anecdote）は、現地の事情に精通した1人の漁民の意見が大規模プロジェクトを動かしたという、パブリック・コメントの必要性と有益性を示す——どこか出来過ぎのような気もするが——これ以上ないエピソードである。一市民の小さな声が大きな行政決定を抜本的に変えてしま

う威力もさることながら、一般人の声をないがしろにせず尊重する米国政府の姿勢に、その懐の深さを感じずにはいられない[1]。

行政手続法第6章「**意見公募手続等**」は、行政立法のうち、法律に基づく命令・規則、審査基準、処分基準、行政指導指針を「命令等」（行手法2条8号）と定義し、その制定の際に踏むべきパブリック・コメントの手続を定めている（以下、一般的な制度を指す場合には「パブリック・コメント」とし、「意見公募手続」とする場合は、行政手続法の制度のことを指すものとする）。

② 行政立法における事前手続──行政処分の場合との違い

要するに行政立法における事前手続が「意見公募手続」であるわけだが、行政処分を下す場合の事前手続（裁量基準の設定・公表、理由の提示、告知と聴聞）（→第2章、第3章）などとはだいぶ毛色が違うことに戸惑われるかもしれない。行政処分は特定の相手方に対して下されるので、事前手続も、その特定の相手方に対し個別・具体的に行う必要がある。これに対し、行政立法は、国民一般に向けて法規範を制定する作業になるので、踏むべき事前手続も一般的な意見の募集になるのである。

法規範を制定するという意味で、行政立法は国会における法律の制定と性格が似ている。この点、国会が法律を制定する場合には、審議の形骸化について批判があるとはいえ、国民に開かれたオープンで慎重な手続が執られていることは確かである。これに対し、行政立法は行政機関限りで行われるため、その審議過程が不透明にならざるを得ない。そこで、行政立法の審議過程を公開して、国民から広く意見を募ることが、「意見公募手続」として制度化された。

③ 制度化への過程

---

(1) 常岡孝好『パブリック・コメントと参加権』（弘文堂、2006年）ⅰ頁。冒頭の逸話は、Z.プラッタ教授の環境法の講義の中で語られたものという。

意見公募手続制度の原案となったのは、行政手続法研究会（雄川一郎座長）が昭和58年11月に取りまとめた行政手続法法律案要綱案の中の「命令制定手続」である。しかし、当時は各省庁からの強い抵抗に遭い、行政手続法制定時（平成５年法律第88号）の制度化は見送られることになった。

　その後、平成11年３月の閣議決定により、「規制の設定又は改廃に係る意見提出手続」が定められ、規制の設定・改廃に係る国の行政機関の意思表示を対象に、パブリック・コメントが試験的に導入された。この実務に与えた影響は大きく、運用が定着するにつれ、実務担当者の間でパブリック・コメントへの抵抗感が次第に小さくなっていった。

　こうした下地があったゆえに、平成16年３月の閣議決定「規制改革・民間開放推進３か年計画」に続く行政手続法検討会（塩野宏座長）のヒアリングでは、もはや各省庁からの抵抗は皆無に近かったという。かくして平成17年法律第73号による改正で、意見公募手続等が追加された。

　年月は経ち、今や国では、行政手続法で義務付けられた命令等以外にも、法律案や重要な計画案に対して、運用上、パブリック・コメントが実施されている。自治体においても、条例や計画策定に際してパブリック・コメントに付される例が広くみられ、すっかり実務に定着した感がある[2]。

　自治体で行われるパブリック・コメントの手続は、ほぼ行政手続法の意見公募手続に倣っているので、最初に行政手続法について説明した後（→**2**）、自治体法務とパブリック・コメントについて考察する（→**3**）。その上で、パブリック・コメントへの評価を加え（→**4**）、パブリック・コメントの瑕疵の効力・争訟との関係（→**5**）といった論点にも言及する。

---

(2)　参照、宇賀克也（編著）『改正行政手続法とパブリック・コメント』（第一法規、2006年）1頁以下、常岡・前掲29頁以下。

2 行政手続法の意見公募手続

① 命令等制定の一般原則

　意見公募手続は、内閣・行政機関が定める「**命令等**」について行われる[3]。命令等は、根拠法令の趣旨に適合するものとなるように定めなければならない（行手法38条１項）。命令等制定機関は、一旦命令等を定めた後においても、その実施状況や社会経済情勢の変化等を勘案し、必要に応じて内容に検討を加え、適正を確保するよう努力することが求められる（同条２項）。法律ではなく政令・省令などの命令等に規律をゆだねた趣旨は、日々刻々と変化する社会情勢に機動的に対処するためであるから、内閣・行政機関による適時・適切な対処は必須である。これらは命令等制定の一般原則だが、第６章の冒頭に置かれていることからも、意見公募手続が、命令等を根拠法令の趣旨に適合させ、その内容の適正を確保するための重要な手段とされていることが窺える。

② 意見公募手続

　命令等を定めようとする場合には、当該命令等の案及びこれに関連する資料をあらかじめ公示し、意見の提出先及び意見の提出のための期間を定めて広く一般の意見を求めなければならない（行手法39条１項）。抽象的な案に対して意見を求めても成果に乏しいため、公示する命令等の案は具体的かつ明確な内容のものであって、かつ、当該命令等の題名及び制定の根

---

(3)　「命令等」は、立案段階までは「行政立法」だったのだが、国会を国の唯一の立法機関とする憲法41条などとの関係から、立法という用語が改められた。

拠となる法令の条項が明示されていなければならない（同条2項）。ただし、案が具体的に練られたものであるほど、後からの修正は困難になるともいえるので、この点には実務上の工夫を要しよう。意見提出期間は、原則として30日以上でなければならない（同条3項。やむを得ない理由があるときは期間短縮も認められるが、行手法40条1項は、その理由を明らかにするよう求めている）。意見公募手続を実施する際は、その実施についての周知、及び関連する情報の提供に努めるものとする（行手法41条）。

③ 考慮義務と最終的な命令の公示

　命令等制定機関は、期間内に寄せられた提出意見を十分に考慮しなければならない（考慮義務、行手法42条）。ただし、多数意見に従う必要はなく、提出意見の内容をよく考え、定めようとする命令等に反映すべきかどうか等について適切に検討する義務が課せられるのみである（参照、東京地判平成22年3月30日判時2096号9頁）。冒頭の逸話のように、たとえ1人から意見が出されたのみであっても、傾聴すべき意見であれば採り入れるべきであるし、組織票によって多数派工作が行われたとしても、必ずしも結果に反映させる必要はない。したがって、この考慮義務をいかに担保するかが肝となる。

　この点、行政手続法43条1項は、当該命令等を公布するのと同時期に、①命令等の題名、②命令等の案の公示の日、③提出意見、④提出意見を考慮した結果（当初の命令等の案と最終的に定められた命令等との差異を含む）及びその理由を公示するよう求めている。特に、④の理由の公示が、重要な意味を持つ。というのも、考慮義務とは、ある提出意見を目に見える形で結果に反映させる義務ではないので、命令等制定機関が熟考の末にその提出意見を採用しなかったのか、あるいはその提出意見を単に無視したのか、最終的に定められた命令だけからは検証できないからである。

　立法者は、「なぜ」その提出意見を結果に反映させなかったのか、命令等制定機関に明確な理由を示させることで、提出意見を粗雑に扱うことのな

いように、手続的な手当てを施したのである。その趣旨は、行政処分において理由の提示（行手法8条・14条）が義務付けられていることと同様、きちんと提出意見に対し考慮を巡らせたことを証明するエビデンスを示させることにあると考えられる[4]。

④ 電子政府の総合窓口

　意見公募手続及び結果の公示は、インターネットを通じて行われる（行手法45条1項）。具体的には、政府の総合的なポータルサイト「電子政府の総合窓口」（e-Gov〔https://www.e-gov.go.jp〕）が用いられている。自治体においても、第一に用いられる手段はインターネットを通じたものである。近年のこうした情報・通信（IT）技術の急速な進歩が、パブリック・コメントを可能かつ容易にしたともいえよう。

---

(4)　詳細は、第2章（52頁）、第3章（99頁）。

3 自治体法務とパブリック・コメント

① パブリック・コメントの広がり

　行政手続法46条は、自治体にも意見公募手続を実施するための「必要な措置」を講ずる努力義務を課している。平成29年10月１日時点では、（要綱によるものを含めると）ほぼすべての都道府県、指定都市、中核市、特例市が意見公募手続を制度化しており、都道府県・市区町村全体でみると58.2％に上る。

　①行政手続条例の改正で対応した例の他にも、②自治基本条例の中で規定した例（ニセコ市）、③より幅広く住民参加一般に関する条例（住民参加推進条例）を制定し、その中で規定した例（京都市、旭川市、鹿児島市、石狩市）、④パブリック・コメントに特化した条例を制定した例（横須賀市、神戸市、新座市）がある[5]。

　横須賀市では、行政手続法の意見公募手続よりもパブリック・コメントに付す対象を広げており、条例の制定・改廃（条例の見直しを行った結果、その条例を改正しないとする決定も含む）や行政計画の策定・改定についても、パブリック・コメントを実施している[6]。

② 組織票との関係

　こうした動きは、自治体の意思形成に住民の声を反映させるという意味で歓迎すべきであろう。ただし、パブリック・コメントの対象を条例にま

---

(5)　宇賀編著・前掲注(2)63頁以下。
(6)　宇賀編著・前掲注(2)94頁以下。

で広げたことで、本来の意思決定機関である議会との役割分担が問題となり得る。とりわけ、世間の注目を集める内容の条例であったりすると、パブリック・コメントも相応に集まることとなり、新たな問題が生まれる。香川県で制定された「ネット・ゲーム依存症対策条例」へのパブリック・コメントにおいて、賛成意見を集めるための組織票が投じられた疑惑などは、まさに象徴的である。

○ゲーム条例パブコメに同じ誤字 「依存層」「条例にに」

　子どものゲーム利用時間を定めた香川県ネット・ゲーム依存症対策条例へのパブリックコメント（意見公募）で、賛成意見の中には、同じ誤字のものが複数あった。朝日新聞が情報公開請求で入手した文書でわかった。

　条例は議員提案で成立し、1日に施行された。パブコメは2月6日までの15日間実施され、2269件の賛成意見や、401件の反対意見が寄せられた。賛成のうち約1900件は、県議会ホームページの問い合わせフォームの「ご意見箱」から送られ、フォームには「件名」や「ご意見・ご感想」の欄がある。

　件名に「依存症」と書くべきところを「依存層」と誤っていたのは21件。21件とも意見欄には「ネットゲーム依存症対策条例が通る事により、皆の意識が高まればいい」との表現が含まれていた。

　件名に「条例にについて」と、「に」を重ねた意見も50件あった。このうち大半は意見欄に「ネットゲーム依存条例に賛同」か「ネットゲーム依存条例に賛成」とだけ記されていた。このほか、件名を「ゲットゲーム条例」とした賛成意見も2件あった。

（「朝日新聞デジタル」2020年4月15日21時04分
https://www.asahi.com/articles/ASN4H6VDZN4HPTLC01M.html）

　ただし、誤解してはいけないのは、そもそもパブリック・コメントは、組織票を排除する建付けにはなっていないことである。また、選挙や住民投票などとは異なり、1人が複数の意見を提出することも禁じられてはい

ない。このことからも明らかなように、そもそも賛成・反対の多寡それ自体は問題にならないのが、パブリック・コメントの構造である。

　選挙権を有しない外国人や子どもであっても、他の自治体の住民であっても、意見を提出することは妨げられない。冒頭の空港の風向きの事例のように、誰でも良いので門戸を広げて専門的知識を幅広く調達することがパブリック・コメントの目的だからである。最終的に自治体として条例を制定するか否かについてその意思を決定し、外部に表明するのは、あくまでも住民代表である議会と長の役割に任されている。

　しかし、賛成・反対の多寡は問題にならないはずの建付けとなっているにもかかわらず、一般論として、やはり賛成・反対の数が気になってしまうところに問題の根深さがある。特に自治体の場合は、住民との距離が近く、地方自治法上も、条例の制定・改廃について直接請求が定められるなど（同法74条）、国政と比較して直接民主主義の要素に親和的な構造が採られていることから、この問題は尖鋭化する（→**4②**で後述）。

③ パブリック・コメントの実際

　具体例を基にした方が理解しやすいので、令和3年4月2日から同月15日まで行われた「山梨県太陽光発電施設の適正な設置及び維持管理に関する条例（仮称）」（素案）に対する県民意見の募集を例に説明する。このパブリック・コメントでは58名から196件の意見・提言が寄せられており（図表5-1）、その反映状況は図表5-2のとおりである[7]。

　そして、提出された意見の内容とそれに対する県の考え方（対応方針）は、**図表5-3**のようにまとめられている。県の考え方は、【記述済み】（既に反映

---

(7)　山梨県公式ウェブサイト「「山梨県太陽光発電施設の適正な設置及び維持管理に関する条例（仮称）」（素案）に対する県民意見の募集／実施結果」（https://www.pref.yamanashi.jp/gyoukaku/public/kankyo-ene/taiyoko_result.html）。なお、この条例はその後無事に成立している。内容については、参照、板垣勝彦『条例づくり教室―構造の理解を深め、使いこなそう！』（ぎょうせい、2023年）45頁以下。

■図表5-1　意見の提出者数及び意見件数

区分	人数	意見件数
郵送	9	9
FAX	7	30
電子メール	42	157
その他	0	0
計	58人	196件

■図表5-2　意見の反映状況

修正加筆意見反映	記述済み	実施段階検討	反映困難	その他	計
23件	9件	70件	10件	84件	196件

されている内容）、【修正加筆等意見反映】、【実施段階検討】、【反映困難】、【その他】に分かれており、以下では、「設置規制区域」に対し寄せられた意見とそれに対する県（の担当者）の考え方についてコメントする。

　まず、番号23の水質保全の視点は、冒頭の空港の風向きの事例のように、条例案に反映させるべき内容として、【修正加筆等意見反映】とされた。【記述済み】と【修正加筆等意見反映】を読むと、担当者のニッコリした顔が思い浮かぶようである。

　パブリック・コメントにおいては、建設的な視点に立って、番号32のHPでの公開のような運用上の留意点を提案するものも少なくない。【実施段階検討】として対応されているが、条例の本体でなく実施規則や要綱に盛り込むべき内容でもあり、この段階で意見を募集することのメリットが存分に生かされている。

　担当者の腕が試されるのは、【その他】回答においてである。番号34〜37は、規制自体には賛成するが、さらに規制を徹底して設置規制区域における設置を一切禁じてほしいという意見であって、この手の規制条例にお

■図表5-3　県民意見提出制度による提出意見とそれに対する県の考え方

番号	意見の内容	意見数	意見に対する県の考え方（対応方針）
23	「土砂災害」以外に「水質」と「景観」に関する規制区域も盛り込んでほしい。山梨県にとってきれいな水と景色は重要な財産であるから。	1	【修正加筆等意見反映】 森林の有する水源涵養機能の確保などの観点から、素案第10設置許可の1(1)に以下の事項を加筆します。 「ハ　当該森林の現に有する水源の涵養の機能からみて、太陽光発電施設の設置により当該機能に依存する地域における水の確保に著しい支障を及ぼすおそれがないこと。」 「ニ　当該森林の現に有する環境の保全の機能からみて、太陽光発電施設の設置により当該森林の周辺の地域における環境を著しく悪化させるおそれがないこと。」
32	(1)の地域森林計画対象民有林の所在地について、山梨県のHPからの検索等で（長野県では検索可能）、あるいはハザードマップ等で、誰もが簡単に調べることができるようにしてほしい。	1	【実施段階検討】 設置規制区域については、市町村や県の出先機関において確認することができますが、その他の確認方法については、検討して参ります。
34〜37	設置規制区域について、「ただし、あらかじめ知事の許可を受けた場合は、この限りではないものとする。」とただし書きがついており、設置規制区域でも設置できることになるため、「ただし」以下を削除してもらいたい。	4	【その他】 本条例は、県民の安全で安心な生活の確保と環境等との調和を図ることを目的としており、防災上の安全性の確保や環境・景観への配慮等に万全の対策が講じられた施設に限り許可できるものとして参ります。
42	太陽光発電所に対する締め付けが厳しくなった理由として、悪徳業者の存在があるが、このような条例が通ってしまえば計画中の施設3割を断念せざるを得ない［筆者注—原文では「断念せざる負えない」であるが、明らかな誤記であるため修正した］状況になってしまう。土砂災害警戒区域の範囲が広く平地も含まれることから、明らかに安全な場所も規制の対象になってしまう。	1	【その他】 設置規制区域内であっても、万全の対策が講じられた施設は許可できるとして参ります。

46	平野部でも景観保全地域のようなところでは設置を禁ずるべきで、市町村にそこまで厳しい条例がない現状を考えれば、県条例の次の改正（今回間に合うのなら追加していただきたいですが）で景観地区などの平野部も規制していただきたい。	1	【その他】 ご意見は、今後の参考とさせていただきます。
61	原則禁止の設置規制区域への設置があることから、住民合意を必須とすべきである。	1	【その他】 事業者には、許可申請の前に、地域住民等への説明を義務づけるとともに、地域住民の意見を踏まえ、必要な措置を講じるよう求めています。 その上で、知事は許可にあたっては、地域の実情を把握する地元市町村長から、事業者の地域住民等への対応等を含めて意見を聴き、その意見を尊重して参ります。

ける提出意見では、かなりの割合を占める。とはいえ、太陽光発電施設の設置をすべて禁止するというのは憲法上難しく、そんなこと言われても……という担当者の声が聞こえてきそうである。実際の運用上はほぼ許可が下りることはないとされており、意見提出者の思いはほぼ実現しているのだが、その辺りをどの程度まで「県の考え方」として公表するかについては、さじ加減が難しい。

　番号61なども、規制条例においてしばしばみられる意見である。しかし、住民合意を必須とする条項を置くことは、以前にも説明したように（→第4章148頁）、違憲・違法となるおそれが否めない。回答の仕方としては及第点といったところだろうか。

　番号46は、景観保全地域などの平野部でも条例で規制を求めたいという、規制強化の要望である。担当者は何か力尽きてしまったようだが、景観保全地域については別途景観法で設置が規制されている旨を回答すれば足りたのではなかろうか。

　これに対して、番号42は事業者からの意見である。規制条例の場合、番

号34〜37や46、61のような規制受益者の意見（規制をもっと強化せよ！）ばかりではなく、規制対象者からの切実な意見（これ以上規制を強化されたらやっていけない）も当然に想定する必要がある。政策決定者に求められるのは、一方の声にのみ偏することなく、公益と私益のバランスをとっていく姿勢なのである。

4 パブリック・コメントへの評価

① 利害関係者・行政・公衆にとって

　パブリック・コメントには、以下のメリットがある。①利害関係者にとっては、自身の意見を提出する機会が確保されることで、政策決定の公正性・公平性・透明性に信頼を置けるようになる。②行政にとっては、不足しがちな専門的知識を補充したり、幅広く公衆から多様な意見を募ることで、政策決定における的確な判断が可能となる。③公衆にとっては、幅広く意見を提出することで、政策決定過程への参加が確保される[8]。

　これまで、①利害関係者からの意見聴取は、審議会への利益代表の参加や、公聴会の役割であった。しかし、審議会の構成が行政寄りではないかとの疑念が呈されたり、公聴会も開催自体が必ずしも義務付けられてはいないことなど、批判が強かった。従来、②行政の情報収集という役割は審議会が担ってきたが、人選の偏頗性だけでなく、実質的な討議が行われておらず、政策決定に専門家や限られた利益代表のお墨付きを与えているだけではないかなど、その形骸化が問題となっていた。③公衆の参加については、公聴会であれ審議会であれ、行政に意見する機会が設けられていた人々は限られており、不満が多かった[9]。

　この点、パブリック・コメントは、公衆から幅広く意見を募るという意味で審議会よりも民主政の補完に役立ち、また当然ながら、利害関係者や

---

(8)　宇賀克也『行政法概説 I〔第8版〕』（有斐閣、2023年）502頁。
(9)　角松生史「手続過程の公開と参加」磯部力ほか（編）『行政法の新構想 II』（有斐閣、2008年）289頁（292頁以下）。

専門家の声にも門戸が開かれている。適切に運用されれば、従来の公聴会・審議会が抱えてきた課題についても、抜本的な解決が期待できる。

② 議会制民主主義との関係

　しかし、③には、特に自治体レベルで、議会制民主主義との関係を整理しておく必要がある。事の性質上、意見を提出するのは異論を抱える者が主であり、原案への潜在的な賛成意見は、表面に現れにくいからである。そうである以上、パブリック・コメントは議会制民主主義の代替物にはなり得ず、その補完物にとどまる。こうした観点からも、行政手続法が提出意見に——住民の直接請求のような——法的拘束力までは付与せず、原案への賛成・反対の多寡には影響されないしくみを採用したことは、絶妙なバランス感覚と評価することができよう。パブリック・コメントとは、公衆による行政の事務処理への関与ではなく、行政による公衆への諮問と、その応答としての「批評」なのである[10]。

③ 政策決定への"重み"の付与

　ただし、公衆の意見を聴いて決めた以上、行政が単独で決めるよりも、政策決定の"重み"が増すことは事実である。この点、審議会が政策決定に正当性を与える隠れ蓑にすぎないと批判されてきたように、形だけのパブリック・コメントを経たという事実を、行政が民主的なお墨付きとして掲げることが懸念される。しかし、この"重み"は、提出された意見を真摯に検討したからこそ生まれるのであり、形骸化が許されないことは改めていうまでもない。

　逆に、この"重み"が、行政の説明責任を高めることもある。一級建築士免許取消処分事件に係る最判平成23年6月7日民集65巻4号2081頁は「理由の提示」に関する最重要判例であるが（→第3章101頁）、不利益処分をす

---

(10)　角松・前掲308頁。

る際に、処分の名宛人において、「いかなる理由に基づいてどのような処分基準の適用によって当該処分が選択されたのかを知ること」ができる程度まで理由を示すよう求めることの根拠として、当該処分基準が、「意見公募の手続を経るなど適正を担保すべき手厚い手続を経た上で」定められたことを挙げている[11]。意見公募手続という重要な手続を経て定められたものであるからこそ、理由の提示においては、処分基準の適用関係まで示すことが求められるというロジックである。

---

(11)　板垣勝彦『住宅市場と行政法―耐震偽装、まちづくり、住宅セーフティネットと法―』（第一法規、2017年）111頁以下。

5 パブリック・コメントの瑕疵の効力・争訟との関係

　意見公募手続に瑕疵があると考えた場合、制定された命令等の違法性を主張するためにはいかなる法的手段を執り得るか。立法段階で想定されていたのは、命令等に基づき下された個別の処分の取消訴訟を通じて、裁判所に命令等の違法性判断を求めるという方策であったと考えられ、現在でもこの考え方が主流であると思われる。

　しかし、命令等制定行為の中には、個別の処分と同視しうる程度に私人の法的地位に個別・具体的な変動をもたらすものも存在する。そのような場合には、命令等制定行為自体に処分性を認めて抗告訴訟を提起することも許されよう[(12)]。理論的には、公法上の当事者訴訟を通じて直截に命令等の違法性を確認する手段もあり得るが、この場合にも、確認の利益という形で私人の法的地位に個別・具体的な変動をもたらすものであるか否かが問われることになる。

　ただし、手続の瑕疵について違法性が認められる局面は、実際には限定される。命令等制定機関に課されるのは提出意見の考慮義務だけなので、「最終的に制定された命令等に提出意見が十分に反映されていない」といった内容面の違法事由は認定しようがないからである。したがって、現実に瑕疵として主張できるのは、内容面ではなく、手続面の事由に限られる。

　まず考えられるのは、①命令等を制定する際に意見公募手続に付すべきであったのに付さなかったという事由であり、この瑕疵は重大である[(13)]。

----

(12)　横浜市保育所廃止条例事件において、最判平成21年11月26日民集63巻9号2124頁は、条例制定行為の処分性を認めている。

(13)　参照、常岡孝好「裁量権行使に係る行政手続の意義」磯部ほか編・行政法の新構想II（前掲注(9)）235頁（259頁）。

続いて、②提出意見を考慮した結果について、理由の提示が不十分であるという事由が考えられる。すでに前掲最判平成23年6月7日が、理由の提示の不備は処分の取消事由になると判断しているから、考慮した結果においても、理由の提示の不備は命令等の取消事由となると取り扱うのが論理的な帰結である。しかし、一般的な規範の定立である命令等制定行為は、個別の処分よりも取り消されたときの影響が大きく、これをいかに評価するかで、判断が分かれ得よう。

　これに対し、自治体が条例制定をパブリック・コメントの対象に含めており、議会の議決が得られた後で、手続の瑕疵が表面化したような場合はどうか。瑕疵の軽重にもよるが、条例制定の最終的な責任を持つ機関が議会である以上、手続の瑕疵はその議決によって治癒されたとみるべきと思われる。

第6章

行政手続の将来

1 今後の行政手続法制の展開

　現行法が用意している「行政手続と自治体法務」の内容を学んできた。最終章となる本章では、今後の行政手続法制がどのような方向へと進んでいくのか、これまでの復習も兼ねて、筆者なりの未来予想図を描いてみたい。

　読者の年齢層は分からないが、20代の新人職員ならばあと40年近く、40歳前後の中堅職員でも、あと四半世紀は自治体法務に携わるはずである。平成5（1993）年に行政手続法が制定されて、約30年が経過した。この間、社会の高度情報化が急速に進んだことを考えると、30〜40年後には思いもしない方向で行政をめぐる環境が変容しているかもしれない。とりわけ、事務処理における民間委託の進展と、人工知能（AI）技術の進展には注目していく必要があるだろう。

　とはいえ、行政をめぐる法的ルールについて人間が考えることは律令の昔からあまり変わっておらず（古代東アジアの法典である律令のうち、律は刑事法、令は行政法に分類される）、法改正の方向性に関しては、近未来についても大体の想像が付くものである。少し応用的な内容を多く含むことにはなるが、行政手続法制の全体像を俯瞰することは、「行政手続と自治体法務」について深く考える上で決して無駄にはならない思索となろう。

2 行政立法、行政指導と行政処分の異同

① 概要

　行政の様々な行為形式のうち、現在、行政手続法が事前手続を規定しているのは、行政処分（→第2章、第3章）、行政指導（→第4章）、そして行政立法（法令用語としては、「命令等」→第5章）にすぎない。この中でも、個別・具体的に私人の権利を制限し、これに義務を課するという行政処分は、行政目的を達成する上で"切れ味抜群"の手法である一方、非常に"取扱い注意"の一面を併せ持っているために、事前手続による慎重な運用が求められる。行政手続法制が整備された最大のねらいが、"切れ味抜群"でありながら"取扱い注意"の行政処分の手続的コントロールにあったことは疑いない。

　しかし、当然のことながら、あらゆる行政の行為形式について事前手続というものは存在し得るのであって、行政処分、行政指導、行政立法においてのみ事前手続が観念されるわけではない。実際、第1次臨時行政調査会（第1臨調）が昭和39年に公表した「行政手続法草案」では、行政調査を含めた行政手続法制が思い描かれていた[1]。諸外国の法制では、ドイツの連邦行政手続法のように、行政契約や行政計画について規定が置かれているものも珍しくはない。

　平成5年の法制定当初は、行政処分と行政指導に関してのみ手当てがされたわけだが、行政手続法に限らず、法制度の設計にはその当時の立法者の様々な思惑が絡まり合っている。その後、本書でも採り上げたように、

---

(1)　草案の逐条解説として、橋本公亘『行政手続法草案』（有斐閣、1974年）135頁以下。

平成17年に行政立法について意見公募手続等の規定が置かれ、平成26年に「行政指導の中止等の求め」と「処分等の求め」が設けられるなど、徐々に規定が加えられてきた。

　そこで、まずは復習も兼ねて、これまで統一的な手続規定が整備されてきた行政立法と行政指導について、行政処分との異同に着目しながら、その特徴を考察してみよう。その前に、「事実行為」と「法律行為」という概念の差異について押さえておく必要がある。その行為が法的効果を有するものが法律行為であり、典型的には契約や行政処分が該当する。これに対して、その行為が法的効果を持たず、事実上の効果にとどまるものが事実行為である。

② 行政処分と行政立法（命令等制定行為）の差異

　行政処分と行政立法の差異は、その権利制限・義務賦課の性質が個別・具体的であるか、それとも一般的・抽象的であるかという点にある。通常、行政処分は相手方を絞って権利制限・義務賦課を個別・具体的に行うことになるため、事前手続（裁量基準の設定・公表、理由の提示、告知と聴聞）も、その特定の相手方に対して個別・具体的に行うことになる。これに対し、行政立法は、不特定多数の国民一般に向けて抽象的な法規範を制定する作業なので、踏むべき事前手続も、一般的な意見の募集（意見公募手続、パブリック・コメント）になるのである。

　すなわち、行政手続法は、国の行政機関に対し、命令等を制定する場合には、当該命令等の案及びこれに関連する資料をあらかじめ公示し、意見の提出先及び意見の提出のための期間を定めて広く一般の意見を求めることを義務付けている（行手法39条1項）。公示する命令等の案は具体的かつ明確な内容のものであって、かつ、当該命令等の題名及び制定の根拠となる法令の条項が明示されていなければならない（同条2項）。意見提出期間は、原則として30日以上とされる（同条3項）。命令等制定機関は、期間内に寄せられた提出意見を十分に考慮しなければならない（行手法42条）。考

慮義務を担保するために、当該命令等を公布するのと同時期に、①命令等の題名、②命令等の案の公示の日、③提出意見、④提出意見を考慮した結果及びその理由を公示することが要求される（行手法43条1項）。こうしたパブリック・コメントの手続は、自治体でも広く定着しており、自治体の場合、条例や規則の制定手続についてもパブリック・コメントを実施するところが少なくない。

　一通りの説明をすれば以上のようになるのだが、2点ほど留保を付しておく。第1に、法規範の中には、適用対象者を絞って制定される「措置法」と呼ばれる類型が少数ながら存在する。条例については、最判平成21年11月26日民集63巻9号2124頁で問題となった横浜市保育所廃止条例などが有名である。措置法と同じように適用対象者が限定される行政立法の制定に際しては、その適用対象者に対し、単なる意見の公募にとどまらない参加手続を保障する必要があるとも考えられる。

　第2に、それとは逆に、行政処分の中には、道路の公用開始決定のように、相手方がいない「対物処分」と呼ばれる類型がある。通例では告示によって公用が開始されるのだが、別に誰かからの申請に基づいて行われるわけではないので「申請に対する処分」の規律は適用がなく、やはり誰かに不利益を及ぼすわけでもないので「不利益処分」の規律も適用されない。強いて言うならば、法規範定立行為と同じで、不特定多数の国民一般に関わる話題なので、事前手続としてパブリック・コメントを行うことが考えられよう。

　法規範定立行為ではあるが適用対象者が限定される「措置法」的な行政立法と、行政処分でありながら相手方がいない対物処分。こうした限界事例について深く考察することは価値ある試みであるが[2]、将来予測としては、運用としてパブリック・コメントが実施される可能性があるというに

---

(2)　たとえば、土井翼『名宛人なき行政行為の法的構造』（有斐閣、2021年）。「行政行為」というのは、行政処分とほぼ同じ意味である。

とどまる。

③ 行政処分と行政指導の差異

　行政処分と行政指導の差異は、一言でいうと、法的拘束力・強制力があるか否かに尽きる。行政指導は事実行為なのだから法的効果がないのは当たり前であるし、また後述する権力的事実行為とも異なり、相手方の権利を侵害する強制の契機もない。

　そうした行政指導の定義から考えれば、行政指導が強制にわたってはいけないこと（行手法32条1項）、従わなかったからといって不利益な取扱いをしてはいけないこと（同条2項）、相手方から拒絶の意思表示がなされた場合には行政指導を継続してはならないこと（同法33条）などというのは、当たり前のことを規定しているだけである。品川マンション判決（最判昭和60年7月16日民集39巻5号989頁）や武蔵野マンション決定・判決（最決平成元年11月8日判時1328号16頁、最判平成5年2月18日民集47巻2号574頁）について知らなければ、なぜわざわざそのようなことを強調するのか訝しく思われる規定であろう。

　そうなってくると、現状、行政指導において純粋な意味で手続的なルールといえるのは、趣旨・内容等の明示（行手法35条1項）や書面の交付（同条3項）くらいになる。次なる疑問として浮かぶのは、行政指導であっても事実上の強制力を有する場合が少なくないのだから、相手方に与える効果の程度に応じて、行政指導であってもそれ相応に"取扱い注意"であるとして事前手続を設けることを検討すべきではないかという点である。それでは、30年後には、行政指導にも告知と聴聞、処分基準、理由の提示といった手続的ルールが課せられているのだろうか。

　これに対して、筆者は、「現状どおり、変更なし」と予想する。たしかに、相手方に与える影響を正面から受け止めるならば、行政指導においても事前の弁明の機会を設けたり、理由の提示を義務付けるといったルールを定めることも考えられなくはない。しかし、行政指導についてまで厳重な事

前手続を定めてしまうと、その最大の利点である機動性を損ないかねない
という危惧がある。結局のところ、行政指導にいかほどまで手続的規律を
要求するかは、相手方の権利保障と行政活動の機動性との間のバランスを
みて調整すべき事項である。どうしても事前手続を設けたい場合には、個
別の法律や条例で手当てすれば十分であろう。条例の中には、助言・指導
の段階では取り立てて事前手続を設けなくとも、尊重義務が課される勧告
の段階では理由の提示を義務付けるといった差異化を図った例もある。

④ 上記以外の行為形式について

　行政手続法において事前手続が定められている行政立法と行政指導につ
いて、行政処分との異同に留意しながら、簡単に振り返ってみた。以下では、
いまだに事前手続の統一的な整備が実現していない行為形式である行政契
約、行政計画、そして事実行為について、事前手続を法制化する場合の制
度設計上の可能性について予想してみよう。

3 行政契約と事前手続

① 手続的コントロールの方向性

　行政契約が行政処分とは異なるのは、相手方が従うか否かがあくまでも任意であることである。そして、契約の場合、申込みに応じるか否かは相手方の完全な任意である一方（民法521条1項）、一旦成立すると非常に強力に相手方を拘束するという特徴を有する。この「任意性」という特徴から、法律行為と事実行為の違いがあるとはいえ、行政契約を法的にコントロールするに当たっての考慮事項には、行政指導との共通点が多い。

　実際に、消費者契約（消費者契約法、割賦販売法、特定商取引に関する法律）や労働契約（労働契約法）など、当事者間に情報や交渉力において事実上相当の格差が存する場合を念頭に置き、実体・手続の両面で規制を施した立法例は少なくない。一方当事者を行政主体とする行政契約においても、この事理は当てはまる。となると、懸念されるのは、情報や交渉力において上回る行政主体が、契約相手である事業者に対し、意に沿わない契約内容を押し付けるような事態である。そうだとすれば、行政契約について手続的コントロールを及ぼす最大の目的は、契約成立プロセスの透明性の確保ということになる。

　行政契約においては、私人間に適用される契約自由の原則（民法521条）が修正され、実体的にみたとき、①契約相手の選定手続が公平に行われたこと（平等原則の要請）、②物品購入契約ならば最安値を提示してきた者、土地売却契約ならば最高値を提示してきた者を選定するというように、契約内容の公正性を確保すること（効率性原則、最少経費最大効果原則）が求められる。こうした契約の（実体面での）公正性・公平性を確保するためにも、

（手続的に）契約成立プロセスの透明性を確保する要請は強い。

② 売買、貸借、請負その他の契約

　自治体が締結する行政契約については、地方自治法234条以下が規律している⁽³⁾。第1に、公有地の売却や物品の購入のような「売買、貸借、請負その他の契約」は、「一般競争入札、指名競争入札、随意契約又はせり売りの方法により締結する」ことが義務付けられている（地方自治法234条1項）。その中でも、公正性・公平性（効率性）を最も確保しやすい一般競争入札が原則とされており、指名競争入札、随意契約又はせり売りは、政令で定める場合に限り認められる例外的な手段である（同条2項）。

　ただし、契約の対象によっては、価格競争入札の原則を貫徹したのでは必ずしも行政目的を十分に達成できないという場合もあり得る。優れたデザイン性、機能性、耐久性が求められる公共施設について、最安価の価格を提示してきた候補者を無条件に選定するというのも考えものである。近年では、価格の他にも運用の条件や技術的要素（施設の品質や施工方法など）を含めた総合的な評点によって選定を行う総合評価方式（地方自治法施行令167条の10の2）や、候補者それぞれに具体的な設計案を提出させて、その発想や解決方法などの提案を審査した上で選定を行うプロポーザル方式（同施行令167条の2第1項2号——随意契約の一種という位置付け）が盛んに用いられている。

　総合評価を行う場合には、いかなる基準で落札者を決定するかについての基準（落札者設定基準）を事前に設定する必要がある（同施行令167条の10の2第3項）。「申請に対する処分」における審査基準の設定（→第2章33頁）と極めて近い発想である。

　事務の民間委託が進む昨今では、相手方の選定が、公共工事以上にその成否を握っている。総合評価方式やプロポーザル方式は発展途上の手法で

---

(3)　これに対して、国が締結する行政契約は、会計法29条以下に定めがある。

あり、試行錯誤を繰り返しながら洗練させていくことが望まれる⁽⁴⁾。

③ 公営企業の契約、労働契約

第2に、「売買、貸借、請負その他の契約」以外の契約に対する手続的コントロールについてみると、まず、水道供給契約や運送契約など、事業を行う行政主体が一方当事者となり（組織形態としては、地方公営企業が典型である）、国民・住民を相手にサービスの供給（給付行政）として行われる契約については、特に除外規定がなければ、民法、商法それに消費者契約法の規律が及ぶ（地方公営企業法2条1項〜3項）。公営住宅の入居後の関係についても、特段の事情がない限り、借地借家法が適用される（最判昭和59年12月13日民集38巻12号1411頁）。

次に、雇用など労働契約については、行政主体が職員を任用する場合の多くは国家公務員法や地方公務員法によって行政処分と構成され、公務員法独自のルールが展開されることに留意しなければならない。その一方で、たとえば自治体が公共施設の警備員や清掃作業員を雇用する場合には（ほとんどは事業者に委託するので直接雇用は僅少であろう）、労働契約法の規律が及ぶ。

そもそも、「売買、貸借、請負その他の契約」以外の契約については、一方当事者が行政主体であることの特質はあまり意識されていないと思われる。また、ほとんどの場合、個別法によって当事者間の情報や交渉力の格差を是正するための実体的・手続的コントロールが施されているといえる。

④ 補助金の交付──形式的行政処分をめぐる議論からの示唆

行政契約の手続的コントロールについて考える際に多くの示唆を与えるのが、**形式的行政処分**をめぐる議論である。形式的行政処分とは、「補助金等に係る予算の執行の適正化に関する法律」（昭和30年法律第179号）に基づ

---

(4) 板垣勝彦『地方自治法の現代的課題』（第一法規、2019年）460頁以下。

く補助金等の交付の申請とそれに対する交付決定（拒否決定）のように、行為の実態は契約関係における［申込み―承諾］の関係と変わらないにもかかわらず、法律の仕組みとして申請とそれに対する処分の形式を採用している場合のことをいう。本書では、行為の実態は契約なのだが、便宜上、行政処分の衣を纏っているという説明をした（→第2章74頁）。

　「形式的」とはいえ、れっきとした行政処分である以上、審査基準の設定・公表、標準処理期間の設定・公表、拒否の場合の理由の提示といった行政手続法の規律が当然に及ぶ。ここで問題にしたいのは、全く逆に、補助金の交付申請とそれに対する交付決定などが、行政契約として構成されている場合である。同じことをしていても、行政契約として構成されると、こうした行政手続法・条例の規律を免れることになる。ドイツでは、私法の形式を用いることで公法上の規制を免れることを「私法への逃避」と呼ぶのだが、まさに「私法への逃避」が懸念されるのである。しかし、行為の性質が行政処分か行政契約であるかという一事をもってその後の一連の手続の帰趨に大きな差異をもたらすのは妥当とはいえず、その実質に鑑みて、可能な限り同等の手続保障が及ぼされなければならない。

　この点、第2章で紹介した「川崎市補助金交付等に係る事務処理手続要綱」は、法的性質が行政契約であっても、行政処分の場合とできる限り同水準の手続保障を及ぼそうとする意図から、様々な工夫を施していた（→第2章79頁）。すなわち、申請に対する交付決定は［申込み―承諾・拒否］という関係であるが、所管部局長に対し、「申請に対する処分」に準じて、その判断基準としての「準審査基準」の設定・公表（同要綱3条）、準標準処理期間の設定・公表（同要綱4条）、拒否する場合の理由の提示（同要綱6条）といった義務（ないし努力義務）を課した。補助金の返還命令についても、その法的性質は契約解除後の一方当事者からの不当利得返還請求なのだが、不利益処分に準じて、準処分基準の設定・公表の努力義務を課すとともに、理由の提示を行うことを要求している（同要綱9条）。

　川崎市要綱では補助金の返還命令に先立った告知と聴聞については規定

されていなかったけれども、立法論として、意見陳述の機会の保障を設けることは一考に値する。また、実体的内容についていえば、契約解除は目的を達成するために必要最小限において、よほどの事情がないと認められないという比例原則を明記することも考えられる。

⑤ 公害防止協定——規制行政と契約

行政契約は、調達行政や給付行政にとどまらず、規制行政においても活用される。具体的には、自治体が工場を設置・運営する事業者との間で個別に締結する**公害防止協定**が挙げられる。たとえば、法律では大気汚染物質の排出量は5 ppmまで許容されているところ、当該自治体においては、事業者が納得済みの上で、自分の工場では基準を3 ppmまで厳しくするような場合である。公害防止協定は、昭和39年に横浜市が事業者との間で締結したケースを契機として全国に普及していったといわれる。

ただし、公害防止協定の法的性質には長らく争いがあった。(a)紳士協定説は、公害防止協定は単なる当事者間の紳士協定にすぎず、相手方に約束を履行するよう裁判で強制することはできないとする説である。これに対して、(b)契約説は、公害防止協定は行政契約の一種であり、裁判によって約束の履行を強制することも可能であるとする。

かつては(a)説が有力であった。というのも、自治体が事業者に対して圧力をかけ、不利な内容の契約を結ばせた上で、「自由意思により承諾したのだから不利な条件を呑むように」と強要することが懸念されたためである。自治体が力関係で優位に立つ場合には、事業者としては不承不承条件を受け入れざるを得ない場合も少なくない。そこで、規制はあくまでも一般的なルールである法律や条例に委ねるべきであるというのが、(a)説が支持された理由であった。

とはいえ、事業者が自由意思によって公害防止協定の契約条件に承諾することさえ保障されるのであれば、(b)契約説を採って法的拘束力を認めることにも支障はないはずである。最判平成21年7月10日判時2058号53頁

が公害防止協定で約束した期間を過ぎても操業を停止しなかった産業廃棄物最終処分場に対し、民事執行手続を通じて操業差止めを強制できるとした背景には、こうした考え方がある。

　当事者の双方が自由意思で協定の内容に合意したことを手続的に担保するには、その締結過程の透明化が求められる。そのように考えると、公害防止協定の締結に際しては、契約条件の明示や書面化などが手続的コントロールとして求められることになり、行政指導との共通点が多い。

　様々な類型の行政契約について考察してみると、契約成立プロセスの透明性の確保が要請されるという点で、大体の方向性は一致している。ただし、調達行政、給付行政、規制行政という局面ごとに考えなければならない点が異なるため、行政契約に共通した手続的法理を法制化するにはなおハードルがある。公害防止協定のような規制行政型の行政契約に関しては、近い将来において法制化が実現するかもしれない。

4 行政計画と事前手続

　行政計画については、法的拘束力を有するものと有しないもののほか、都市計画のように現実の3次元世界を規律する物的計画とそうでなく市場経済社会の枠構造を規定する非物的計画など、とにかく類型が多岐にわたることが特徴である。

　法的拘束力を有する行政計画については、不特定多数の国民に対し、一般的・抽象的な権利制限・義務賦課を行うものであり、その意味では法規範（基準）定立行為と同じようにパブリック・コメントに付すことが考えられる。一定の重要な行政計画については、国レベルでは、行政手続法ではなく閣議決定を根拠としてパブリック・コメントが実施されているし、自治体では、条例や要綱など様々な根拠に基づきパブリック・コメントを行うところが少なくない。都市計画決定においては、事前の公告の後、2週間の公衆縦覧を行って、その間、関係市町村の住民及び利害関係人の意見書提出の機会が保障されているが（都市計画法17条1項・2項）、これもそうした趣旨に基づくものであろう。

　ただし、行政計画によっては、行政立法のような基準定立行為の性格にとどまらず、行政処分のような個別・具体的な性格を有する場合がある。とりわけ物的計画の対象は、計画の範囲内となる区域の土地所有者や賃借人（地権者）に限られる。行政処分においても、申請者以外にも利害が及ぶ複効的行政処分においては公聴会の開催を努力義務としているが（行手法10条）、たとえば都市計画の案を作成しようとする場合において必要があるときは公聴会の開催を要求したり（都市計画法16条1項）、地区計画等の案を定める場合には利害関係者の意見を求めることを必須としたり（同条2項）しているのは、単なる意見の聴取を超えた"参加"を保障する趣旨で

ある。公衆の意思を計画の策定に反映させる手続を、**パブリック・インボ
ルブメント**と呼ぶ。

　行政計画の策定は、その性格の一般性・抽象性のほか、多数の当事者を
巻き込むことから、「計画策定手続」という独自の世界を形成している。行
政計画は一度策定されると軌道修正が利きにくいこと[(5)]、誘導などイン
フォーマルな手段を駆使して行われることが多く個別の活動について法的
コントロールを及ぼすための制約が多いことから[(6)]、策定段階における法
的コントロールの重要性が意識されている。

　行政計画について通則的な規定を設ける際には、「**計画担保責任**」につい
て明文化するか否かが論点となる。計画担保責任とは、社会情勢の変化に
応じて計画を見直すべき局面があるとしても、従前の計画を信頼した者の
救済を図るべき場合が存在するのではないかという議論である。最判昭和
56年1月27日民集35巻1号35頁は、村が推進してきた工場誘致施策が選
挙による村長の交代のために撤回されたことで、事業者のそれまでの投資
が無駄となったという事案において、自治体の個別・具体的な勧告・勧誘
によって資金・労力を提供した事業者が施策の変更により積極的損害を
被ったような場合には、代償的措置を講ずることなく施策を変更すること
は、それがやむを得ない客観的事情によるのでない限り、当事者間の信頼
関係を不当に破壊するものとして、不法行為責任を生ぜしめるとした。

　行政計画の場合、やはり類型が多岐にわたることが統一的な法制化にお
いてネックである。法制化されるとすれば、都市計画のような拘束的・物
的計画に限られよう。こうしてみると、学説上様々な分類がされていた行
政処分について、「申請に対する処分」と「不利益処分」の2類型へと区分
した行政手続法の立法者の慧眼には改めて驚かされる。

---

(5)　浜松市遠州鉄道判決（最大判平成20年9月10日民集62巻8号2029頁）が示唆したように、
　　仮に違法性が認定されても事情判決（行政事件訴訟法31条1項）が下される場合が少なくな
　　い。
(6)　詳細は、板垣勝彦『都市行政の変貌と法』（第一法規、2023年）57頁以下。

5 事実行為と事前手続

① 義務履行確保の法制

　事実行為は極めて多岐にわたるので、基本的な考え方を示すにとどめる。自治体の政策条例では、義務履行確保手段として制裁的公表を規定することが少なくないが、制裁的公表を行う前には必ず相手方の意見を聴くことを義務付ける規定が設けられていることに注意してほしい(→第4章153頁)。これは、制裁的公表自体は事実行為であって行政処分ではないため、行政手続条例の「不利益処分」の規定の適用がないことから、相手方の権利保障のために置かれた規定である。

　制裁的公表のように、**行政上の義務の履行確保を図る法制**においては、相手方の権利保護の視点から事前手続の保障が不可欠である。戦前の行政執行法では事前手続に対する意識は希薄であったが、昭和23年に制定された行政代執行法では、戒告(同法3条1項)や代執行令書の通知(同条2項)、執行責任者の証票の携帯・呈示義務(同法4条)など、事前手続の思考の萌芽がみられる[7]。とはいえ、同法が制定されてから70年以上が経過しているにもかかわらず、代執行の実施自体がタブー視されていた時代が長かったこともあり、条文にはほとんど手が付けられていない。近年増えている空家特措法に基づく代執行の実務運用も、解釈に委ねられている部分が大きい。懸案となっている直接強制や執行罰の通則法への「復帰」や、宝塚パチンコ条例判決(最判平成14年7月9日民集56巻6号1134頁)で積み残され

---

(7)　緊急代執行(行政代執行法3条3項)の要件を充たす場合は、戒告や通知の手続を経ないことが認められている。

た「国又は地方公共団体が専ら行政権の主体として国民に対して行政上の義務の履行を求める訴訟」の法制化を含めて、今後の検討課題である。

　これに関係して、行政罰（行政刑罰、秩序罰）と事前手続について一言すると、まず、行政刑罰については、犯罪捜査に関する手続が行政手続法3条1項5号で同法の適用除外とされているなど、全般に刑事手続の領分である[8]。次に、秩序罰（過料）の賦課については、法律に根拠を有する秩序罰は非訟事件手続法が事前手続について規律しており、裁判所による非訟手続という独自の世界が形成されているのに対して、条例に根拠を有する秩序罰は不利益処分という建付けであり、理解しやすい（地方自治法255条の3で事前告知と弁明の機会の付与が定められている）。

② 即時強制と事前手続

　即時強制は、場合によっては人の身体や財産に実力を加えることも予定されるため、可能な範囲において、事前手続を相応に整備することが求められる。「横浜市船舶の放置防止に関する条例」10条は、船舶の所有者等が勧告（行政指導）に従わない場合や、船舶の所有者等を確認できない場合において、職員に対し即時強制によって船舶を移動させる権限を付与している。放置船舶を移動すべき旨の勧告が事前手続のような機能を果たしているわけだが、すべての即時強制においてこうしたプロセスを要求することは、緊急事態であるからこそ即時強制が必要とされるという制度趣旨から考えると難しいだろう。行政の機動性の確保と相手方の権利保障についていかに調整を図っていくかは、永遠の課題である。

③ 行政調査と事前手続

　第1臨調の「行政手続法草案」で規定が設けられていた**行政調査**に関す

---

(8)　交通反則金納付通告の処分性を否定した最判昭和57年7月15日民集36巻6号1169頁においても、刑事手続と行政手続を峻別する思考が垣間見える。

る事前手続については、行政手続法3条1項14号で、「報告又は物件の提出を命ずる処分その他その職務の遂行上必要な情報の収集を直接の目的としてされる処分及び行政指導」が同法の適用除外とされている。

　とはいえ、国税通則法では、平成23年の法改正で、質問検査権（同法74条の2〜74条の6）、提出物件の留置き（同法74条の7）、特定事業者等への報告の求め（同法74条の7の2）、事前通知（同法74条の9・74条の10）、調査の終了の際の書面通知（同法74条の11）、事業者等への協力要請（同法74条の12）、身分証明書の携帯・提示（同法74条の13）についてかなり詳細な規定が設けられたほか、捜査権限との関係で、これらの質問検査権等の権限は、「犯罪捜査のために認められたものと解してはならない」ことが確認されている（同法74条の8）。

　なお、犯則事件に関する手続も行政手続法3条1項6号で同法の適用除外となっているが、これについては国税通則法131条以下で、刑事事件に準ずる極めて厳格な事前手続が整備されているので、本稿では割愛する。

おわりに

　本書で最も心がけたのは、自治体現場で問題となりやすく、判断に迷う事項について、裁判例や先進自治体の実例・条例に照らしながら、明快な解決策・運用法を提示することであった。とりわけ、ただ読者の皆さん（総務課、法務課の職員を想定している）自身が理解するだけでなく、それを他部署の一般職員に対して庁内研修の場などで説明する場合にも使うことができるような表現・説明方法を用いるべく腐心した。

　理解の便宜上、"取扱い注意"である行政処分を中心に採り上げてきたが、行政手続の適正の要請は、自治体として執り行うあらゆる活動についてまわる。後々のトラブルを未然に防ぐためにも、また、仮に争訟が提起された場合に正面から対応するためにも、常日頃から適正手続に留意することが重要である（予防法務の視点）。こうした意図から、必要と思われる限度で、争訟における対応法についても言及した。

　本書の執筆を通じて改めて実感したのは、行政手続があらゆる行政法理に密接に関係してくることである。行政手続について考えることは自治体法務の第一歩であり、そのすべてであると言っても過言ではない。概説書などの通り一遍の解説だけでは腑に落ちないときは、出発点に立ち返ってその趣旨・目的を考え抜いて、文章として表現するように努めた。

　最後になるけれども、現場の行政職員に一番伝えたいのは、この「考え抜いた上で、文章として表現する」訓練を欠かさないことである。「説明責任」（Accountability）という言葉が用いられるようになって久しいが、適正な行政手続の実現にとって最も大切なのは、理由の提示（行手法8条1項・14条1項）の箇所でも説いたように、現場の行政職員がなぜそのような活動を行ったのか、自分の言葉で説明することである。**説明力**と言い換えても良い。この説明力は、マニュアル対応で身に付けることはできず、結局、常日頃からの努力で磨き続けるしかない。何から何まで、常日頃からの努力が必要だということを強調して、本書を閉じることにする。

資　料

○行政手続法

〔平成5年11月12日法律第88号〕
〔最終改正：令和5年6月16日法律第63号〕

　　　第一章　総則
　（目的等）
第一条　この法律は、処分、行政指導及び届出に関する手続並びに命令等を定める手続に関し、共通する事項を定めることによって、行政運営における公正の確保と透明性（行政上の意思決定について、その内容及び過程が国民にとって明らかであることをいう。第四十六条において同じ。）の向上を図り、もって国民の権利利益の保護に資することを目的とする。
2　処分、行政指導及び届出に関する手続並びに命令等を定める手続に関しこの法律に規定する事項について、他の法律に特別の定めがある場合は、その定めるところによる。
　（定義）
第二条　この法律において、次の各号に掲げる用語の意義は、当該各号に定めるところによる。
　一　法令　法律、法律に基づく命令（告示を含む。）、条例及び地方公共団体の執行機関の規則（規程を含む。以下「規則」という。）をいう。
　二　処分　行政庁の処分その他公権力の行使に当たる行為をいう。
　三　申請　法令に基づき、行政庁の許可、認可、免許その他の自己に対し何らかの利益を付与する処分（以下「許認可等」という。）を求める行為であって、当該行為に対して行政庁が諾否の応答をすべきこととされているものをいう。
　四　不利益処分　行政庁が、法令に基づき、特定の者を名あて人として、直接に、これに義務を課し、又はその権利を制限する処分をいう。ただし、次のいずれかに該当するものを除く。
　　イ　事実上の行為及び事実上の行為をするに当たりその範囲、時期等を明らかにするために法令上必要とされている手続としての処分
　　ロ　申請により求められた許認可等を拒否する処分その他申請に基づき当該申請をした者を名あて人としてされる処分
　　ハ　名あて人となるべき者の同意の下にすることとされている処分
　　ニ　許認可等の効力を失わせる処分であって、当該許認可等の基礎となった事実が消滅した旨の届出があったことを理由としてされるもの

五　行政機関　次に掲げる機関をいう。

イ　法律の規定に基づき内閣に置かれる機関若しくは内閣の所轄の下に置かれる機関、宮内庁、内閣府設置法（平成十一年法律第八十九号）第四十九条第一項若しくは第二項に規定する機関、国家行政組織法（昭和二十三年法律第百二十号）第三条第二項に規定する機関、会計検査院若しくはこれらに置かれる機関又はこれらの機関の職員であって法律上独立に権限を行使することを認められた職員

ロ　地方公共団体の機関（議会を除く。）

六　行政指導　行政機関がその任務又は所掌事務の範囲内において一定の行政目的を実現するため特定の者に一定の作為又は不作為を求める指導、勧告、助言その他の行為であって処分に該当しないものをいう。

七　届出　行政庁に対し一定の事項の通知をする行為（申請に該当するものを除く。）であって、法令により直接に当該通知が義務付けられているもの（自己の期待する一定の法律上の効果を発生させるためには当該通知をすべきこととされているものを含む。）をいう。

八　命令等　内閣又は行政機関が定める次に掲げるものをいう。

イ　法律に基づく命令（処分の要件を定める告示を含む。次条第二項において単に「命令」という。）又は規則

ロ　審査基準（申請により求められた許認可等をするかどうかをその法令の定めに従って判断するために必要とされる基準をいう。以下同じ。）

ハ　処分基準（不利益処分をするかどうか又はどのような不利益処分とするかについてその法令の定めに従って判断するために必要とされる基準をいう。以下同じ。）

ニ　行政指導指針（同一の行政目的を実現するため一定の条件に該当する複数の者に対し行政指導をしようとするときにこれらの行政指導に共通してその内容となるべき事項をいう。以下同じ。）

（適用除外）

第三条　次に掲げる処分及び行政指導については、次章から第四章の二までの規定は、適用しない。

一　国会の両院若しくは一院又は議会の議決によってされる処分

二　裁判所若しくは裁判官の裁判により、又は裁判の執行としてされる処分

三　国会の両院若しくは一院若しくは議会の議決を経て、又はこれらの同意若しくは承認を得た上でされるべきものとされている処分

四　検査官会議で決すべきものとされている処分及び会計検査の際にされる行政指導

五　刑事事件に関する法令に基づいて検察官、検察事務官又は司法警察職員がする処分及び行政指導

六　国税又は地方税の犯則事件に関する法令（他の法令において準用する場合を含む。）に基づいて国税庁長官、国税局長、税務署長、国税庁、国税局若しくは税務署の当該職員、税関長、税関職員又は徴税吏員（他の法令の規定に基づいてこれらの職員の職務を行う者を含む。）がする処分及び行政指導並びに金融商品取引の犯則事件に関する法令（他の法令において準用する場合を含む。）に基づいて証券取引等監視委員会、その職員（当該法令においてその職員とみなされる者を含む。）、財務局長又は財務支局長がする処分及び行政指導

七　学校、講習所、訓練所又は研修所において、教育、講習、訓練又は研修の目的を達成するために、学生、生徒、児童若しくは幼児若しくはこれらの保護者、講習生、訓練生又は研修生に対してされる処分及び行政指導

八　刑務所、少年刑務所、拘置所、留置施設、海上保安留置施設、少年院又は少年鑑別所におい

て、収容の目的を達成するためにされる処分及び行政指導

九　公務員（国家公務員法（昭和二十二年法律第百二十号）第二条第一項に規定する国家公務員及び地方公務員法（昭和二十五年法律第二百六十一号）第三条第一項に規定する地方公務員をいう。以下同じ。）又は公務員であった者に対してその職務又は身分に関してされる処分及び行政指導

十　外国人の出入国、出入国管理及び難民認定法（昭和二十六年政令第三百十九号）第六十一条の二第一項に規定する難民の認定、同条第二項に規定する補完的保護対象者の認定又は帰化に関する処分及び行政指導

十一　専ら人の学識技能に関する試験又は検定の結果についての処分

十二　相反する利害を有する者の間の利害の調整を目的として法令の規定に基づいてされる裁定その他の処分（その双方を名宛人とするものに限る。）及び行政指導

十三　公衆衛生、環境保全、防疫、保安その他の公益に関わる事象が発生し又は発生する可能性のある現場において警察官若しくは海上保安官又はこれらの公益を確保するために行使すべき権限を法律上直接に与えられたその他の職員によってされる処分及び行政指導

十四　報告又は物件の提出を命ずる処分その他その職務の遂行上必要な情報の収集を直接の目的としてされる処分及び行政指導

十五　審査請求、再調査の請求その他の不服申立てに対する行政庁の裁決、決定その他の処分

十六　前号に規定する処分の手続又は第三章に規定する聴聞若しくは弁明の機会の付与の手続その他の意見陳述のための手続において法令に基づいてされる処分及び行政指導

2　次に掲げる命令等を定める行為については、第六章の規定は、適用しない。

一　法律の施行期日について定める政令

二　恩赦に関する命令

三　命令又は規則を定める行為が処分に該当する場合における当該命令又は規則

四　法律の規定に基づき施設、区間、地域その他これらに類するものを指定する命令又は規則

五　公務員の給与、勤務時間その他の勤務条件について定める命令等

六　審査基準、処分基準又は行政指導指針であって、法令の規定により若しくは慣行として、又は命令等を定める機関の判断により公にされるもの以外のもの

3　第一項各号及び前項各号に掲げるもののほか、地方公共団体の機関がする処分（その根拠となる規定が条例又は規則に置かれているものに限る。）及び行政指導、地方公共団体の機関に対する届出（前条第七号の通知の根拠となる規定が条例又は規則に置かれているものに限る。）並びに地方公共団体の機関が命令等を定める行為については、次章から第六章までの規定は、適用しない。

（国の機関等に対する処分等の適用除外）

第四条　国の機関又は地方公共団体若しくはその機関に対する処分（これらの機関又は団体がその固有の資格において当該処分の名あて人となるものに限る。）及び行政指導並びにこれらの機関又は団体がする届出（これらの機関又は団体がその固有の資格においてすべきこととされているものに限る。）については、この法律の規定は、適用しない。

2　次の各号のいずれかに該当する法人に対する処分であって、当該法人の監督に関する法律の特別の規定に基づいてされるもの（当該法人の解散を命じ、若しくは設立に関する認可を取り消す処分又は当該法人の役員若しくは当該法人の業務に従事する者の解任を命ずる処分を除く。）については、次章及び第三章の規定は、適用しない。

一　法律により直接に設立された法人又は特別の法律により特別の設立行為をもって設立され

た法人

二　特別の法律により設立され、かつ、その設立に関し行政庁の認可を要する法人のうち、その行う業務が国又は地方公共団体の行政運営と密接な関連を有するものとして政令で定める法人

3　行政庁が法律の規定に基づく試験、検査、検定、登録その他の行政上の事務について当該法律に基づきその全部又は一部を行わせる者を指定した場合において、その指定を受けた者（その者が法人である場合にあっては、その役員）又は職員その他の者が当該事務に従事することに関し公務に従事する職員とみなされるときは、その指定を受けた者に対し当該法律に基づいて当該事務に関し監督上される処分（当該指定を取り消す処分、その指定を受けた者が法人である場合におけるその役員の解任を命ずる処分又はその指定を受けた者の当該事務に従事する者の解任を命ずる処分を除く。）については、次章及び第三章の規定は、適用しない。

4　次に掲げる命令等を定める行為については、第六章の規定は、適用しない。

一　国又は地方公共団体の機関の設置、所掌事務の範囲その他の組織について定める命令等

二　皇室典範（昭和二十二年法律第三号）第二十六条の皇統譜について定める命令等

三　公務員の礼式、服制、研修、教育訓練、表彰及び報償並びに公務員の間における競争試験について定める命令等

四　国又は地方公共団体の予算、決算及び会計について定める命令等（入札の参加者の資格、入札保証金その他の国又は地方公共団体の契約の相手方又は相手方になろうとする者に係る事項を定める命令等を除く。）並びに国又は地方公共団体の財産及び物品の管理について定める命令等（国又は地方公共団体が財産及び物品を貸し付け、交換し、売り払い、譲与し、信託し、若しくは出資の目的とし、又はこれらに私権を設定することについて定める命令等であって、これらの行為の相手方又は相手方になろうとする者に係る事項を定めるものを除く。）

五　会計検査について定める命令等

六　国の機関相互間の関係について定める命令等並びに地方自治法（昭和二十二年法律第六十七号）第二編第十一章に規定する国と普通地方公共団体との関係及び普通地方公共団体相互間の関係その他の国と地方公共団体との関係及び地方公共団体相互間の関係について定める命令等（第一項の規定によりこの法律の規定を適用しないこととされる処分に係る命令等を含む。）

七　第二項各号に規定する法人の役員及び職員、業務の範囲、財務及び会計その他の組織、運営及び管理について定める命令等（これらの法人に対する処分であって、これらの法人の解散を命じ、若しくは設立に関する認可を取り消す処分又はこれらの法人の役員若しくはこれらの法人の業務に従事する者の解任を命ずる処分に係る命令等を除く。）

　　　第二章　申請に対する処分

（審査基準）

第五条　行政庁は、審査基準を定めるものとする。

2　行政庁は、審査基準を定めるに当たっては、許認可等の性質に照らしてできる限り具体的なものとしなければならない。

3　行政庁は、行政上特別の支障があるときを除き、法令により申請の提出先とされている機関の事務所における備付けその他の適当な方法により審査基準を公にしておかなければならない。

（標準処理期間）

第六条　行政庁は、申請がその事務所に到達してから当該申請に対する処分をするまでに通常要すべき標準的な期間（法令により当該行政庁と異なる機関が当該申請の提出先とされている場

合は、併せて、当該申請が当該提出先とされている機関の事務所に到達してから当該行政庁の
事務所に到達するまでに通常要すべき標準的な期間）を定めるよう努めるとともに、これを定
めたときは、これらの当該申請の提出先とされている機関の事務所における備付けその他の適
当な方法により公にしておかなければならない。

（申請に対する審査、応答）

第七条　行政庁は、申請がその事務所に到達したときは遅滞なく当該申請の審査を開始しなけれ
ばならず、かつ、申請書の記載事項に不備がないこと、申請書に必要な書類が添付されている
こと、申請をすることができる期間内にされたものであることその他の法令に定められた申請
の形式上の要件に適合しない申請については、速やかに、申請をした者（以下「申請者」という。）
に対し相当の期間を定めて当該申請の補正を求め、又は当該申請により求められた許認可等を
拒否しなければならない。

（理由の提示）

第八条　行政庁は、申請により求められた許認可等を拒否する処分をする場合は、申請者に対し、
同時に、当該処分の理由を示さなければならない。ただし、法令に定められた許認可等の要件
又は公にされた審査基準が数量的指標その他の客観的指標により明確に定められている場合で
あって、当該申請がこれらに適合しないことが申請書の記載又は添付書類その他の申請の内容
から明らかであるときは、申請者の求めがあったときにこれを示せば足りる。

2　前項本文に規定する処分を書面でするときは、同項の理由は、書面により示さなければなら
ない。

（情報の提供）

第九条　行政庁は、申請者の求めに応じ、当該申請に係る審査の進行状況及び当該申請に対する
処分の時期の見通しを示すよう努めなければならない。

2　行政庁は、申請をしようとする者又は申請者の求めに応じ、申請書の記載及び添付書類に関
する事項その他の申請に必要な情報の提供に努めなければならない。

（公聴会の開催等）

第十条　行政庁は、申請に対する処分であって、申請者以外の者の利害を考慮すべきことが当該法
令において許認可等の要件とされているものを行う場合には、必要に応じ、公聴会の開催その他
の適当な方法により当該申請者以外の者の意見を聴く機会を設けるよう努めなければならない。

（複数の行政庁が関与する処分）

第十一条　行政庁は、申請の処理をするに当たり、他の行政庁において同一の申請者からされた
関連する申請が審査中であることをもって自らすべき許認可等をするかどうかについての審査
又は判断を殊更に遅延させるようなことをしてはならない。

2　一の申請又は同一の申請者からされた相互に関連する複数の申請に対する処分について複数
の行政庁が関与する場合においては、当該複数の行政庁は、必要に応じ、相互に連絡をとり、当
該申請者からの説明の聴取を共同して行う等により審査の促進に努めるものとする。

　　　第三章　不利益処分

　　　　第一節　通則

（処分の基準）

第十二条　行政庁は、処分基準を定め、かつ、これを公にしておくよう努めなければならない。

2　行政庁は、処分基準を定めるに当たっては、不利益処分の性質に照らしてできる限り具体的
なものとしなければならない。

（不利益処分をしようとする場合の手続）

第十三条 行政庁は、不利益処分をしようとする場合には、次の各号の区分に従い、この章の定めるところにより、当該不利益処分の名あて人となるべき者について、当該各号に定める意見陳述のための手続を執らなければならない。

一 次のいずれかに該当するとき 聴聞

　イ 許認可等を取り消す不利益処分をしようとするとき。

　ロ イに規定するもののほか、名あて人の資格又は地位を直接にはく奪する不利益処分をしようとするとき。

　ハ 名あて人が法人である場合におけるその役員の解任を命ずる不利益処分、名あて人の業務に従事する者の解任を命ずる不利益処分又は名あて人の会員である者の除名を命ずる不利益処分をしようとするとき。

　ニ イからハまでに掲げる場合以外の場合であって行政庁が相当と認めるとき。

二 前号イからニまでのいずれにも該当しないとき 弁明の機会の付与

2 次の各号のいずれかに該当するときは、前項の規定は、適用しない。

一 公益上、緊急に不利益処分をする必要があるため、前項に規定する意見陳述のための手続を執ることができないとき。

二 法令上必要とされる資格がなかったこと又は失われるに至ったことが判明した場合に必ずすることとされている不利益処分であって、その資格の不存在又は喪失の事実が裁判所の判決書又は決定書、一定の職に就いたことを証する当該任命権者の書類その他の客観的な資料により直接証明されたものをしようとするとき。

三 施設若しくは設備の設置、維持若しくは管理又は物の製造、販売その他の取扱いについて遵守すべき事項が法令において技術的な基準をもって明確にされている場合において、専ら当該基準が充足されていないことを理由として当該基準に従うべきことを命ずる不利益処分であってその不充足の事実が計測、実験その他客観的な認定方法によって確認されたものをしようとするとき。

四 納付すべき金銭の額を確定し、一定の額の金銭の納付を命じ、又は金銭の給付決定の取消しその他の金銭の給付を制限する不利益処分をしようとするとき。

五 当該不利益処分の性質上、それによって課される義務の内容が著しく軽微なものであるため名あて人となるべき者の意見をあらかじめ聴くことを要しないものとして政令で定める処分をしようとするとき。

（不利益処分の理由の提示）

第十四条 行政庁は、不利益処分をする場合には、その名あて人に対し、同時に、当該不利益処分の理由を示さなければならない。ただし、当該理由を示さないで処分をすべき差し迫った必要がある場合は、この限りでない。

2 行政庁は、前項ただし書の場合においては、当該名あて人の所在が判明しなくなったときその他処分後において理由を示すことが困難な事情があるときを除き、処分後相当の期間内に、同項の理由を示さなければならない。

3 不利益処分を書面でするときは、前二項の理由は、書面により示さなければならない。

　　　第二節 聴聞

（聴聞の通知の方式）

第十五条 行政庁は、聴聞を行うに当たっては、聴聞を行うべき期日までに相当な期間をおいて、不利益処分の名宛人となるべき者に対し、次に掲げる事項を書面により通知しなければならない。

一 予定される不利益処分の内容及び根拠となる法令の条項

二　不利益処分の原因となる事実

　　三　聴聞の期日及び場所

　　四　聴聞に関する事務を所掌する組織の名称及び所在地

２　前項の書面においては、次に掲げる事項を教示しなければならない。

　　一　聴聞の期日に出頭して意見を述べ、及び証拠書類又は証拠物（以下「証拠書類等」という。）を提出し、又は聴聞の期日への出頭に代えて陳述書及び証拠書類等を提出することができること。

　　二　聴聞が終結する時までの間、当該不利益処分の原因となる事実を証する資料の閲覧を求めることができること。

３　行政庁は、不利益処分の名宛人となるべき者の所在が判明しない場合においては、第一項の規定による通知を、公示の方法によって行うことができる。

４　前項の公示の方法による通知は、不利益処分の名宛人となるべき者の氏名、第一項第三号及び第四号に掲げる事項並びに当該行政庁が同項各号に掲げる事項を記載した書面をいつでもその者に交付する旨（以下この項において「公示事項」という。）を総務省令で定める方法により不特定多数の者が閲覧することができる状態に置くとともに、公示事項が記載された書面を当該行政庁の事務所の掲示場に掲示し、又は公示事項を当該事務所に設置した電子計算機の映像面に表示したものの閲覧をすることができる状態に置く措置をとることによって行うものとする。この場合においては、当該措置を開始した日から二週間を経過したときに、当該通知がその者に到達したものとみなす。

　（代理人）

第十六条　前条第一項の通知を受けた者（同条第四項後段の規定により当該通知が到達したものとみなされる者を含む。以下「当事者」という。）は、代理人を選任することができる。

２　代理人は、各自、当事者のために、聴聞に関する一切の行為をすることができる。

３　代理人の資格は、書面で証明しなければならない。

４　代理人がその資格を失ったときは、当該代理人を選任した当事者は、書面でその旨を行政庁に届け出なければならない。

　（参加人）

第十七条　第十九条の規定により聴聞を主宰する者（以下「主宰者」という。）は、必要があると認めるときは、当事者以外の者であって当該不利益処分の根拠となる法令に照らし当該不利益処分につき利害関係を有するものと認められる者（同条第二項第六号において「関係人」という。）に対し、当該聴聞に関する手続に参加することを求め、又は当該聴聞に関する手続に参加することを許可することができる。

２　前項の規定により当該聴聞に関する手続に参加する者（以下「参加人」という。）は、代理人を選任することができる。

３　前条第二項から第四項までの規定は、前項の代理人について準用する。この場合において、同条第二項及び第四項中「当事者」とあるのは、「参加人」と読み替えるものとする。

　（文書等の閲覧）

第十八条　当事者及び当該不利益処分がされた場合に自己の利益を害されることとなる参加人（以下この条及び第二十四条第三項において「当事者等」という。）は、聴聞の通知があった時から聴聞が終結する時までの間、行政庁に対し、当該事案についてした調査の結果に係る調書その他の当該不利益処分の原因となる事実を証する資料の閲覧を求めることができる。この場合において、行政庁は、第三者の利益を害するおそれがあるときその他正当な理由があるときでなければ、その閲覧を拒むことができない。

2　前項の規定は、当事者等が聴聞の期日における審理の進行に応じて必要となった資料の閲覧を更に求めることを妨げない。

3　行政庁は、前二項の閲覧について日時及び場所を指定することができる。

（聴聞の主宰）

第十九条　聴聞は、行政庁が指名する職員その他政令で定める者が主宰する。

2　次の各号のいずれかに該当する者は、聴聞を主宰することができない。

一　当該聴聞の当事者又は参加人

二　前号に規定する者の配偶者、四親等内の親族又は同居の親族

三　第一号に規定する者の代理人又は次条第三項に規定する補佐人

四　前三号に規定する者であった者

五　第一号に規定する者の後見人、後見監督人、保佐人、保佐監督人、補助人又は補助監督人

六　参加人以外の関係人

（聴聞の期日における審理の方式）

第二十条　主宰者は、最初の聴聞の期日の冒頭において、行政庁の職員に、予定される不利益処分の内容及び根拠となる法令の条項並びにその原因となる事実を聴聞の期日に出頭した者に対し説明させなければならない。

2　当事者又は参加人は、聴聞の期日に出頭して、意見を述べ、及び証拠書類等を提出し、並びに主宰者の許可を得て行政庁の職員に対し質問を発することができる。

3　前項の場合において、当事者又は参加人は、主宰者の許可を得て、補佐人とともに出頭することができる。

4　主宰者は、聴聞の期日において必要があると認めるときは、当事者若しくは参加人に対し質問を発し、意見の陳述若しくは証拠書類等の提出を促し、又は行政庁の職員に対し説明を求めることができる。

5　主宰者は、当事者又は参加人の一部が出頭しないときであっても、聴聞の期日における審理を行うことができる。

6　聴聞の期日における審理は、行政庁が公開することを相当と認めるときを除き、公開しない。

（陳述書等の提出）

第二十一条　当事者又は参加人は、聴聞の期日への出頭に代えて、主宰者に対し、聴聞の期日までに陳述書及び証拠書類等を提出することができる。

2　主宰者は、聴聞の期日に出頭した者に対し、その求めに応じて、前項の陳述書及び証拠書類等を示すことができる。

（続行期日の指定）

第二十二条　主宰者は、聴聞の期日における審理の結果、なお聴聞を続行する必要があると認めるときは、さらに新たな期日を定めることができる。

2　前項の場合においては、当事者及び参加人に対し、あらかじめ、次回の聴聞の期日及び場所を書面により通知しなければならない。ただし、聴聞の期日に出頭した当事者及び参加人に対しては、当該聴聞の期日においてこれを告知すれば足りる。

3　第十五条第三項及び第四項の規定は、前項本文の場合において、当事者又は参加人の所在が判明しないときにおける通知の方法について準用する。この場合において、同条第三項及び第四項中「不利益処分の名宛人となるべき者」とあるのは「当事者又は参加人」と、同項中「とき」とあるのは「とき（同一の当事者又は参加人に対する二回目以降の通知にあっては、当該措置を開始した日の翌日）」と読み替えるものとする。

（当事者の不出頭等の場合における聴聞の終結）

第二十三条　主宰者は、当事者の全部若しくは一部が正当な理由なく聴聞の期日に出頭せず、かつ、第二十一条第一項に規定する陳述書若しくは証拠書類等を提出しない場合、又は参加人の全部若しくは一部が聴聞の期日に出頭しない場合には、これらの者に対し改めて意見を述べ、及び証拠書類等を提出する機会を与えることなく、聴聞を終結することができる。

2　主宰者は、前項に規定する場合のほか、当事者の全部又は一部が聴聞の期日に出頭せず、かつ、第二十一条第一項に規定する陳述書又は証拠書類等を提出しない場合において、これらの者の聴聞の期日への出頭が相当期間引き続き見込めないときは、これらの者に対し、期限を定めて陳述書及び証拠書類等の提出を求め、当該期限が到来したときに聴聞を終結することとすることができる。

（聴聞調書及び報告書）

第二十四条　主宰者は、聴聞の審理の経過を記載した調書を作成し、当該調書において、不利益処分の原因となる事実に対する当事者及び参加人の陳述の要旨を明らかにしておかなければならない。

2　前項の調書は、聴聞の期日における審理が行われた場合には各期日ごとに、当該審理が行われなかった場合には聴聞の終結後速やかに作成しなければならない。

3　主宰者は、聴聞の終結後速やかに、不利益処分の原因となる事実に対する当事者等の主張に理由があるかどうかについての意見を記載した報告書を作成し、第一項の調書とともに行政庁に提出しなければならない。

4　当事者又は参加人は、第一項の調書及び前項の報告書の閲覧を求めることができる。

（聴聞の再開）

第二十五条　行政庁は、聴聞の終結後に生じた事情にかんがみ必要があると認めるときは、主宰者に対し、前条第三項の規定により提出された報告書を返戻して聴聞の再開を命ずることができる。第二十二条第二項本文及び第三項の規定は、この場合について準用する。

（聴聞を経てされる不利益処分の決定）

第二十六条　行政庁は、不利益処分の決定をするときは、第二十四条第一項の調書の内容及び同条第三項の報告書に記載された主宰者の意見を十分に参酌してこれをしなければならない。

（審査請求の制限）

第二十七条　この節の規定に基づく処分又はその不作為については、審査請求をすることができない。

（役員等の解任等を命ずる不利益処分をしようとする場合の聴聞等の特例）

第二十八条　第十三条第一項第一号ハに該当する不利益処分に係る聴聞において第十五条第一項の通知があった場合におけるこの節の規定の適用については、名あて人である法人の役員、名あて人の業務に従事する者又は名あて人の会員である者（当該処分において解任し又は除名すべきこととされている者に限る。）は、同項の通知を受けた者とみなす。

2　前項の不利益処分のうち名あて人である法人の役員又は名あて人の業務に従事する者（以下この項において「役員等」という。）の解任を命ずるものに係る聴聞が行われた場合においては、当該処分にその名あて人が従わないことを理由として法令の規定によりされる当該役員等を解任する不利益処分については、第十三条第一項の規定にかかわらず、行政庁は、当該役員等について聴聞を行うことを要しない。

　　　　第三節　弁明の機会の付与

（弁明の機会の付与の方式）

第二十九条　弁明は、行政庁が口頭ですることを認めたときを除き、弁明を記載した書面(以下「弁明書」という。)を提出してするものとする。

2　弁明をするときは、証拠書類等を提出することができる。

(弁明の機会の付与の通知の方式)

第三十条　行政庁は、弁明書の提出期限(口頭による弁明の機会の付与を行う場合には、その日時)までに相当な期間をおいて、不利益処分の名あて人となるべき者に対し、次に掲げる事項を書面により通知しなければならない。

一　予定される不利益処分の内容及び根拠となる法令の条項

二　不利益処分の原因となる事実

三　弁明書の提出先及び提出期限(口頭による弁明の機会の付与を行う場合には、その旨並びに出頭すべき日時及び場所)

(聴聞に関する手続の準用)

第三十一条　第十五条第三項及び第四項並びに第十六条の規定は、弁明の機会の付与について準用する。この場合において、第十五条第三項中「第一項」とあるのは「第三十条」と、同条第四項中「第一項第三号及び第四号」とあるのは「第三十条第三号」と、第十六条第一項中「前条第一項」とあるのは「第三十条」と、「同条第四項後段」とあるのは「第三十一条において準用する第十五条第四項後段」と読み替えるものとする。

　　　　第四章　行政指導

(行政指導の一般原則)

第三十二条　行政指導にあっては、行政指導に携わる者は、いやしくも当該行政機関の任務又は所掌事務の範囲を逸脱してはならないこと及び行政指導の内容があくまでも相手方の任意の協力によってのみ実現されるものであることに留意しなければならない。

2　行政指導に携わる者は、その相手方が行政指導に従わなかったことを理由として、不利益な取扱いをしてはならない。

(申請に関連する行政指導)

第三十三条　申請の取下げ又は内容の変更を求める行政指導にあっては、行政指導に携わる者は、申請者が当該行政指導に従う意思がない旨を表明したにもかかわらず当該行政指導を継続すること等により当該申請者の権利の行使を妨げるようなことをしてはならない。

(許認可等の権限に関連する行政指導)

第三十四条　許認可等をする権限又は許認可等に基づく処分をする権限を有する行政機関が、当該権限を行使することができない場合又は行使する意思がない場合においてする行政指導にあっては、行政指導に携わる者は、当該権限を行使し得る旨を殊更に示すことにより相手方に当該行政指導に従うことを余儀なくさせるようなことをしてはならない。

(行政指導の方式)

第三十五条　行政指導に携わる者は、その相手方に対して、当該行政指導の趣旨及び内容並びに責任者を明確に示さなければならない。

2　行政指導に携わる者は、当該行政指導をする際に、行政機関が許認可等をする権限又は許認可等に基づく処分をする権限を行使し得る旨を示すときは、その相手方に対して、次に掲げる事項を示さなければならない。

一　当該権限を行使し得る根拠となる法令の条項

二　前号の条項に規定する要件

三　当該権限の行使が前号の要件に適合する理由

3　行政指導が口頭でされた場合において、その相手方から前二項に規定する事項を記載した書面の交付を求められたときは、当該行政指導に携わる者は、行政上特別の支障がない限り、これを交付しなければならない。

4　前項の規定は、次に掲げる行政指導については、適用しない。

一　相手方に対しその場において完了する行為を求めるもの

二　既に文書（前項の書面を含む。）又は電磁的記録（電子的方式、磁気的方式その他人の知覚によっては認識することができない方式で作られる記録であって、電子計算機による情報処理の用に供されるものをいう。）によりその相手方に通知されている事項と同一の内容を求めるもの

（複数の者を対象とする行政指導）

第三十六条　同一の行政目的を実現するため一定の条件に該当する複数の者に対し行政指導をしようとするときは、行政機関は、あらかじめ、事案に応じ、行政指導指針を定め、かつ、行政上特別の支障がない限り、これを公表しなければならない。

（行政指導の中止等の求め）

第三十六条の二　法令に違反する行為の是正を求める行政指導（その根拠となる規定が法律に置かれているものに限る。）の相手方は、当該行政指導が当該法律に規定する要件に適合しないと思料するときは、当該行政指導をした行政機関に対し、その旨を申し出て、当該行政指導の中止その他必要な措置をとることを求めることができる。ただし、当該行政指導がその相手方について弁明その他意見陳述のための手続を経てされたものであるときは、この限りでない。

2　前項の申出は、次に掲げる事項を記載した申出書を提出してしなければならない。

一　申出をする者の氏名又は名称及び住所又は居所

二　当該行政指導の内容

三　当該行政指導がその根拠とする法律の条項

四　前号の条項に規定する要件

五　当該行政指導が前号の要件に適合しないと思料する理由

六　その他参考となる事項

3　当該行政機関は、第一項の規定による申出があったときは、必要な調査を行い、当該行政指導が当該法律に規定する要件に適合しないと認めるときは、当該行政指導の中止その他必要な措置をとらなければならない。

　　第四章の二　処分等の求め

第三十六条の三　何人も、法令に違反する事実がある場合において、その是正のためにされるべき処分又は行政指導（その根拠となる規定が法律に置かれているものに限る。）がされていないと思料するときは、当該処分をする権限を有する行政庁又は当該行政指導をする権限を有する行政機関に対し、その旨を申し出て、当該処分又は行政指導をすることを求めることができる。

2　前項の申出は、次に掲げる事項を記載した申出書を提出してしなければならない。

一　申出をする者の氏名又は名称及び住所又は居所

二　法令に違反する事実の内容

三　当該処分又は行政指導の内容

四　当該処分又は行政指導の根拠となる法令の条項

五　当該処分又は行政指導がされるべきであると思料する理由

六　その他参考となる事項

3　当該行政庁又は行政機関は、第一項の規定による申出があったときは、必要な調査を行い、

その結果に基づき必要があると認めるときは、当該処分又は行政指導をしなければならない。

　　　第五章　届出

（届出）

第三十七条　届出が届出書の記載事項に不備がないこと、届出書に必要な書類が添付されていることその他の法令に定められた届出の形式上の要件に適合している場合は、当該届出が法令により当該届出の提出先とされている機関の事務所に到達したときに、当該届出をすべき手続上の義務が履行されたものとする。

　　　第六章　意見公募手続等

（命令等を定める場合の一般原則）

第三十八条　命令等を定める機関（閣議の決定により命令等が定められる場合にあっては、当該命令等の立案をする各大臣。以下「命令等制定機関」という。）は、命令等を定めるに当たっては、当該命令等がこれを定める根拠となる法令の趣旨に適合するものとなるようにしなければならない。

2　命令等制定機関は、命令等を定めた後においても、当該命令等の規定の実施状況、社会経済情勢の変化等を勘案し、必要に応じ、当該命令等の内容について検討を加え、その適正を確保するよう努めなければならない。

（意見公募手続）

第三十九条　命令等制定機関は、命令等を定めようとする場合には、当該命令等の案（命令等で定めようとする内容を示すものをいう。以下同じ。）及びこれに関連する資料をあらかじめ公示し、意見（情報を含む。以下同じ。）の提出先及び意見の提出のための期間（以下「意見提出期間」という。）を定めて広く一般の意見を求めなければならない。

2　前項の規定により公示する命令等の案は、具体的かつ明確な内容のものであって、かつ、当該命令等の題名及び当該命令等を定める根拠となる法令の条項が明示されたものでなければならない。

3　第一項の規定により定める意見提出期間は、同項の公示の日から起算して三十日以上でなければならない。

4　次の各号のいずれかに該当するときは、第一項の規定は、適用しない。

　一　公益上、緊急に命令等を定める必要があるため、第一項の規定による手続（以下「意見公募手続」という。）を実施することが困難であるとき。

　二　納付すべき金銭について定める法律の制定又は改正により必要となる当該金銭の額の算定の基礎となるべき金額及び率並びに算定方法についての命令等その他当該法律の施行に関し必要な事項を定める命令等を定めようとするとき。

　三　予算の定めるところにより金銭の給付決定を行うために必要となる当該金銭の額の算定の基礎となるべき金額及び率並びに算定方法その他の事項を定める命令等を定めようとするとき。

　四　法律の規定により、内閣府設置法第四十九条第一項若しくは第二項若しくは国家行政組織法第三条第二項に規定する委員会又は内閣府設置法第三十七条若しくは第五十四条若しくは国家行政組織法第八条に規定する機関（以下「委員会等」という。）の議を経て定めることとされている命令等であって、相反する利害を有する者の間の利害の調整を目的として、法律又は政令の規定により、これらの者及び公益をそれぞれ代表する委員をもって組織される委員会等において審議を行うこととされているものとして政令で定める命令等を定めようとするとき。

　五　他の行政機関が意見公募手続を実施して定めた命令等と実質的に同一の命令等を定めようとするとき。

六　法律の規定に基づき法令の規定の適用又は準用について必要な技術的読替えを定める命令等を定めようとするとき。

七　命令等を定める根拠となる法令の規定の削除に伴い当然必要とされる当該命令等の廃止をしようとするとき。

八　他の法令の制定又は改廃に伴い当然必要とされる規定の整理その他の意見公募手続を実施することを要しない軽微な変更として政令で定めるものを内容とする命令等を定めようとするとき。

（意見公募手続の特例）

第四十条　命令等制定機関は、命令等を定めようとする場合において、三十日以上の意見提出期間を定めることができないやむを得ない理由があるときは、前条第三項の規定にかかわらず、三十日を下回る意見提出期間を定めることができる。この場合においては、当該命令等の案の公示の際その理由を明らかにしなければならない。

2　命令等制定機関は、委員会等の議を経て命令等を定めようとする場合（前条第四項第四号に該当する場合を除く。）において、当該委員会等が意見公募手続に準じた手続を実施したときは、同条第一項の規定にかかわらず、自ら意見公募手続を実施することを要しない。

（意見公募手続の周知等）

第四十一条　命令等制定機関は、意見公募手続を実施して命令等を定めるに当たっては、必要に応じ、当該意見公募手続の実施について周知するよう努めるとともに、当該意見公募手続の実施に関連する情報の提供に努めるものとする。

（提出意見の考慮）

第四十二条　命令等制定機関は、意見公募手続を実施して命令等を定める場合には、意見提出期間内に当該命令等制定機関に対し提出された当該命令等の案についての意見（以下「提出意見」という。）を十分に考慮しなければならない。

（結果の公示等）

第四十三条　命令等制定機関は、意見公募手続を実施して命令等を定めた場合には、当該命令等の公布（公布をしないものにあっては、公にする行為。第五項において同じ。）と同時期に、次に掲げる事項を公示しなければならない。

一　命令等の題名

二　命令等の案の公示の日

三　提出意見（提出意見がなかった場合にあっては、その旨）

四　提出意見を考慮した結果（意見公募手続を実施した命令等の案と定めた命令等との差異を含む。）及びその理由

2　命令等制定機関は、前項の規定にかかわらず、必要に応じ、同項第三号の提出意見に代えて、当該提出意見を整理又は要約したものを公示することができる。この場合においては、当該公示の後遅滞なく、当該提出意見を当該命令等制定機関の事務所における備付けその他の適当な方法により公にしなければならない。

3　命令等制定機関は、前二項の規定により提出意見を公示し又は公にすることにより第三者の利益を害するおそれがあるとき、その他正当な理由があるときは、当該提出意見の全部又は一部を除くことができる。

4　命令等制定機関は、意見公募手続を実施したにもかかわらず命令等を定めないこととした場合には、その旨（別の命令等の案について改めて意見公募手続を実施しようとする場合にあっては、その旨を含む。）並びに第一項第一号及び第二号に掲げる事項を速やかに公示しなければ

ならない。

5　命令等制定機関は、第三十九条第四項各号のいずれかに該当することにより意見公募手続を実施しないで命令等を定めた場合には、当該命令等の公布と同時期に、次に掲げる事項を公示しなければならない。ただし、第一号に掲げる事項のうち命令等の趣旨については、同項第一号から第四号までのいずれかに該当することにより意見公募手続を実施しなかった場合において、当該命令等自体から明らかでないときに限る。

一　命令等の題名及び趣旨

二　意見公募手続を実施しなかった旨及びその理由

（準用）

第四十四条　第四十二条の規定は第四十条第二項に該当することにより命令等制定機関が自ら意見公募手続を実施しないで命令等を定める場合について、前条第一項から第三項までの規定は第四十条第二項に該当することにより命令等制定機関が自ら意見公募手続を実施しないで命令等を定めた場合について、前条第四項の規定は第四十条第二項に該当することにより命令等制定機関が自ら意見公募手続を実施しないで命令等を定めないこととした場合について準用する。この場合において、第四十二条中「当該命令等制定機関」とあるのは「委員会等」と、前条第一項第二号中「命令等の案の公示の日」とあるのは「委員会等が命令等の案について公示に準じた手続を実施した日」と、同項第四号中「意見公募手続を実施した」とあるのは「委員会等が意見公募手続に準じた手続を実施した」と読み替えるものとする。

（公示の方法）

第四十五条　第三十九条第一項並びに第四十三条第一項（前条において読み替えて準用する場合を含む。）、第四項（前条において準用する場合を含む。）及び第五項の規定による公示は、電子情報処理組織を使用する方法その他の情報通信の技術を利用する方法により行うものとする。

2　前項の公示に関し必要な事項は、総務大臣が定める。

第七章　補則

（地方公共団体の措置）

第四十六条　地方公共団体は、第三条第三項において第二章から前章までの規定を適用しないこととされた処分、行政指導及び届出並びに命令等を定める行為に関する手続について、この法律の規定の趣旨にのっとり、行政運営における公正の確保と透明性の向上を図るため必要な措置を講ずるよう努めなければならない。

附　則

（施行期日）

1　この法律は、公布の日から起算して一年を超えない範囲内において政令で定める日から施行する。

（経過措置）

2　この法律の施行前に第十五条第一項又は第三十条の規定による通知に相当する行為がされた場合においては、当該通知に相当する行為に係る不利益処分の手続に関しては、第三章の規定にかかわらず、なお従前の例による。

3　この法律の施行前に、届出その他政令で定める行為（以下「届出等」という。）がされた後一定期間内に限りすることができることとされている不利益処分に係る当該届出等がされた場合においては、当該不利益処分に係る手続に関しては、第三章の規定にかかわらず、なお従前の例による。

4　前二項に定めるもののほか、この法律の施行に関して必要な経過措置は、政令で定める。

○神奈川県行政手続条例

〔平成7年3月14日条例第1号〕
〔最終改正：平成28年3月29日条例第20号〕

第1章　総則

（目的等）

第1条　この条例は、行政手続法（平成5年法律第88号）第46条の規定の趣旨にのっとり、処分、行政指導及び届出に関する手続に関し、共通する事項を定めることによって、行政運営における公正の確保と透明性の向上を図り、もって県民の権利利益の保護に資することを目的とする。

2　処分、行政指導及び届出に関する手続に関しこの条例に規定する事項について、他の条例に特別の定めがある場合は、その定めるところによる。

（定義）

第2条　この条例において、次の各号に掲げる用語の意義は、当該各号に定めるところによる。

(1)　法令　法律、法律に基づく命令（告示を含む。）及び条例等をいう。

(2)　条例等　条例及び規則（地方自治法（昭和22年法律第67号）第138条の4第2項に規定する規程を含む。以下同じ。）をいう。

(3)　処分　条例等に基づく行政庁の処分その他公権力の行使に当たる行為をいう。

(4)　申請　条例等に基づき、行政庁の許可、認可、免許その他の自己に対し何らかの利益を付与する処分（以下「許認可等」という。）を求める行為であって、当該行為に対して行政庁が諾否の応答をすべきこととされているものをいう。

(5)　不利益処分　行政庁が、条例等に基づき、特定の者を名あて人として、直接に、これに義務を課し、又はその権利を制限する処分をいう。ただし、次のいずれかに該当するものを除く。

　ア　事実上の行為及び事実上の行為をするに当たりその範囲、時期等を明らかにするために条例等上必要とされている手続としての処分

　イ　申請により求められた許認可等を拒否する処分その他申請に基づき当該申請をした者を名あて人としてされる処分

　ウ　名あて人となるべき者の同意の下にすることとされている処分

　エ　許認可等の効力を失わせる処分であって、当該許認可等の基礎となった事実が消滅した旨の届出があったことを理由としてされるもの

(6)　県の機関　地方自治法第2編第7章に基づいて設置される神奈川県の執行機関、神奈川県公営企業の設置等に関する条例（昭和41年神奈川県条例第50号）第3条第1項に規定する公営企業の管理者、神奈川県警察本部（警察署を含む。）若しくはこれらに置かれる機関又はこれらの機関の職員であって法令上独立に権限を行使することを認められたものをいう。

(7)　行政指導　県の機関が、その任務又は所掌事務の範囲内において一定の行政目的を実現するため特定の者に一定の作為又は不作為を求める指導、勧告、助言その他の行為であって行政庁の処分その他公権力の行使に当たる行為に該当しないものをいう。

(8)　届出　行政庁に対し一定の事項の通知をする行為（申請に該当するものを除く。）であって、条例等により直接に当該通知が義務付けられているもの（自己の期待する一定の条例等上の効果を発生させるためには当該通知をすべきこととされているものを含む。）をいう。

2　前項の規定にかかわらず、同項第3号に掲げる用語の意義は第32条及び第33条第2項において同号中「条例等に基づく行政庁」とあるのは「行政庁」と、前項第4号に掲げる用語の意義は

第31条において同号中「条例等」とあるのは「法令」とする。

（適用除外）

第3条　〔略〕

（国の機関等に対する処分等の適用除外）

第4条　国の機関又は地方公共団体若しくはその機関に対する処分（これらの機関又は団体がその固有の資格において当該処分の名あて人となるものに限る。）及び行政指導並びにこれらの機関又は団体がする届出（これらの機関又は団体がその固有の資格においてすべきこととされているものに限る。）については、この条例の規定は、適用しない。

　　　第2章　申請に対する処分

（審査基準）

第5条　行政庁は、申請により求められた許認可等をするかどうかをその条例等の定めに従って判断するために必要とされる基準（以下「審査基準」という。）を定めるものとする。

2　行政庁は、審査基準を定めるに当たっては、当該許認可等の性質に照らしてできる限り具体的なものとしなければならない。

3　行政庁は、行政上特別の支障があるときを除き、条例等により当該申請の提出先とされている機関の事務所における備付けその他の適当な方法により審査基準を公にしておかなければならない。

（標準処理期間）

第6条　行政庁は、申請がその事務所に到達してから当該申請に対する処分をするまでに通常要すべき標準的な期間（条例等により当該行政庁と異なる機関が当該申請の提出先とされている場合は、併せて、当該申請が当該提出先とされている機関の事務所に到達してから当該行政庁の事務所に到達するまでに通常要すべき標準的な期間）を定めるよう努めるとともに、これを定めたときは、これらの当該申請の提出先とされている機関の事務所における備付けその他の適当な方法により公にしておかなければならない。

（申請に対する審査及び応答）

第7条　行政庁は、申請がその事務所に到達したときは遅滞なく当該申請の審査を開始しなければならず、かつ、申請書の記載事項に不備がないこと、申請書に必要な書類が添付されていること、申請をすることができる期間内にされたものであることその他の条例等に定められた申請の形式上の要件に適合しない申請については、速やかに、申請をした者（以下「申請者」という。）に対し相当の期間を定めて当該申請の補正を求め、又は当該申請により求められた許認可等を拒否しなければならない。

（理由の提示）

第8条　行政庁は、申請により求められた許認可等を拒否する処分をする場合は、申請者に対し、同時に、当該処分の理由を示さなければならない。ただし、条例等に定められた許認可等の要件又は公にされた審査基準が数量的指標その他の客観的指標により明確に定められている場合であって、当該申請がこれらに適合しないことが申請書の記載又は添付書類その他の申請の内容から明らかであるときは、申請者の求めがあったときにこれを示せば足りる。

2　前項本文に規定する処分を書面でするときは、同項の理由は、書面により示さなければならない。

（情報の提供）

第9条　〔略〕

（公聴会の開催等）

第10条　行政庁は、申請に対する処分であって、申請者以外の者の利害を考慮すべきことが当該条例等において許認可等の要件とされているものを行う場合には、必要に応じ、公聴会の開催その他の適当な方法により当該申請者以外の者の意見を聴く機会を設けるよう努めなければならない。

（複数の行政庁が関与する処分）
第11条　〔略〕

　　　　第3章　不利益処分
　　　　　第1節　通則
（処分の基準）
第12条　行政庁は、不利益処分をするかどうか又はどのような不利益処分とするかについてその条例等の定めに従って判断するために必要とされる基準（次項において「処分基準」という。）を定め、かつ、これを公にしておくよう努めなければならない。
2　行政庁は、処分基準を定めるに当たっては、当該不利益処分の性質に照らしてできる限り具体的なものとしなければならない。

（不利益処分をしようとする場合の手続）
第13条　行政庁は、不利益処分をしようとする場合には、次の各号の区分に従い、この章の定めるところにより、当該不利益処分の名あて人となるべき者について、当該各号に定める意見陳述のための手続を執らなければならない。
　(1)　次のいずれかに該当するとき　聴聞
　　ア　許認可等を取り消す不利益処分をしようとするとき。
　　イ　アに規定するもののほか、名あて人の資格又は地位を直接にはく奪する不利益処分をしようとするとき。
　　ウ　ア及びイに掲げる場合以外の場合であって行政庁が相当と認めるとき。
　(2)　前号アからウまでのいずれにも該当しないとき　弁明の機会の付与
2　〔略〕

（不利益処分の理由の提示）
第14条　行政庁は、不利益処分をする場合には、その名あて人に対し、同時に、当該不利益処分の理由を示さなければならない。ただし、当該理由を示さないで処分をすべき差し迫った必要がある場合は、この限りでない。
2　行政庁は、前項ただし書の場合においては、当該名あて人の所在が判明しなくなったときその他処分後において理由を示すことが困難な事情があるときを除き、処分後相当の期間内に、同項の理由を示さなければならない。
3　不利益処分を書面でするときは、前2項の理由は、書面により示さなければならない。

　　　　　第2節　聴聞
（聴聞の通知の方式）
第15条　行政庁は、聴聞を行うに当たっては、聴聞を行うべき期日までに相当な期間をおいて、不利益処分の名あて人となるべき者に対し、次に掲げる事項を書面により通知しなければならない。
　(1)　予定される不利益処分の内容及び根拠となる条例等の条項
　(2)　不利益処分の原因となる事実
　(3)　聴聞の期日及び場所
　(4)　聴聞に関する事務を所掌する組織の名称及び所在地

2　前項の書面においては、次に掲げる事項を教示しなければならない。
(1)　聴聞の期日に出頭して意見を述べ、及び証拠書類又は証拠物（以下「証拠書類等」という。）を提出し、又は聴聞の期日への出頭に代えて陳述書及び証拠書類等を提出することができること。
(2)　聴聞が終結する時までの間、当該不利益処分の原因となる事実を証する資料の閲覧を求めることができること。
3　〔略〕
（代理人）
第16条　〔略〕
（参加人）
第17条　第19条の規定により聴聞を主宰する者（以下「主宰者」という。）は、必要があると認めるときは、当事者以外の者であって当該不利益処分の根拠となる条例等に照らし当該不利益処分につき利害関係を有するものと認められる者（同条第2項第6号において「関係人」という。）に対し、当該聴聞に関する手続に参加することを求め、又は当該聴聞に関する手続に参加することを許可することができる。
2　前項の規定により当該聴聞に関する手続に参加する者（以下「参加人」という。）は、代理人を選任することができる。
3　前条第2項から第4項までの規定は、前項の代理人について準用する。この場合において、同条第2項及び第4項中「当事者」とあるのは、「参加人」と読み替えるものとする。
（文書等の閲覧）
第18条　当事者及び当該不利益処分がされた場合に自己の利益を害されることとなる参加人（以下「当事者等」という。）は、聴聞の通知があった時から聴聞が終結する時までの間、行政庁に対し、当該事案についてした調査の結果に係る調書その他の当該不利益処分の原因となる事実を証する資料の閲覧を求めることができる。この場合において、行政庁は、第三者の利益を害するおそれがあるときその他正当な理由があるときでなければ、その閲覧を拒むことができない。
2　前項の規定は、当事者等が聴聞の期日における審理の進行に応じて必要となった資料の閲覧を更に求めることを妨げない。
3　行政庁は、前2項の閲覧について日時及び場所を指定することができる。
（聴聞の主宰）
第19条　聴聞は、行政庁が指名する職員が主宰する。
2　次の各号のいずれかに該当する者は、聴聞を主宰することができない。
(1)　当該聴聞の当事者又は参加人
(2)　前号に規定する者の配偶者、4親等内の親族又は同居の親族
(3)　第1号に規定する者の代理人又は次条第3項に規定する補佐人
(4)　前3号に規定する者であった者
(5)　第1号に規定する者の後見人、後見監督人、保佐人、保佐監督人、補助人又は補助監督人
(6)　参加人以外の関係人
（聴聞の期日における審理の方式）
第20条　主宰者は、最初の聴聞の期日の冒頭において、行政庁の職員に、予定される不利益処分の内容及び根拠となる条例等の条項並びにその原因となる事実を聴聞の期日に出頭した者に対し説明させなければならない。

2 当事者又は参加人は、聴聞の期日に出頭して、意見を述べ、及び証拠書類等を提出し、並びに主宰者の許可を得て行政庁の職員に対し質問を発することができる。

3 前項の場合において、当事者又は参加人は、主宰者の許可を得て、補佐人とともに出頭することができる。

4 主宰者は、聴聞の期日において必要があると認めるときは、当事者若しくは参加人に対し質問を発し、意見の陳述若しくは証拠書類等の提出を促し、又は行政庁の職員に対し説明を求めることができる。

5 主宰者は、当事者又は参加人の一部が出頭しないときであっても、聴聞の期日における審理を行うことができる。

6 聴聞の期日における審理は、行政庁が公開することを相当と認めるときを除き、公開しない。

（陳述書等の提出）

第21条 当事者又は参加人は、聴聞の期日への出頭に代えて、主宰者に対し、聴聞の期日までに陳述書及び証拠書類等を提出することができる。

2 主宰者は、聴聞の期日に出頭した者に対し、その求めに応じて、前項の陳述書及び証拠書類等を示すことができる。

（続行期日の指定）

第22条 〔略〕

（当事者の不出頭等の場合における聴聞の終結）

第23条 〔略〕

（聴聞調書及び報告書）

第24条 主宰者は、聴聞の審理の経過を記載した調書を作成し、当該調書において、不利益処分の原因となる事実に対する当事者及び参加人の陳述の要旨を明らかにしておかなければならない。

2 前項の調書は、聴聞の期日における審理が行われた場合には各期日ごとに、当該審理が行われなかった場合には聴聞の終結後速やかに作成しなければならない。

3 主宰者は、聴聞の終結後速やかに、不利益処分の原因となる事実に対する当事者等の主張に理由があるかどうかについての意見を記載した報告書を作成し、第1項の調書とともに行政庁に提出しなければならない。

4 当事者又は参加人は、第1項の調書及び前項の報告書の閲覧を求めることができる。

（聴聞の再開）

第25条 〔略〕

（聴聞を経てされる不利益処分の決定）

第26条 行政庁は、不利益処分の決定をするときは、第24条第1項の調書の内容及び同条第3項の報告書に記載された主宰者の意見を十分に参酌してこれをしなければならない。

第3節 弁明の機会の付与

（弁明の機会の付与の方式）

第27条 弁明は、行政庁が口頭ですることを認めたときを除き、弁明を記載した書面（以下「弁明書」という。）を提出してするものとする。

2 弁明をするときは、証拠書類等を提出することができる。

（弁明の機会の付与の通知の方式）

第28条 行政庁は、弁明書の提出期限（口頭による弁明の機会の付与を行う場合には、その日時）までに相当な期間をおいて、不利益処分の名あて人となるべき者に対し、次に掲げる事項を書

面により通知しなければならない。

(1) 予定される不利益処分の内容及び根拠となる条例等の条項

(2) 不利益処分の原因となる事実

(3) 弁明書の提出先及び提出期限(口頭による弁明の機会の付与を行う場合には、その旨並びに出頭すべき日時及び場所)

(聴聞に関する手続の準用)

第29条　第15条第3項及び第16条の規定は、弁明の機会の付与について準用する。この場合において、第15条第3項中「第1項」とあるのは「第28条」と、「同項第3号及び第4号」とあるのは「同条第3号」と、第16条第1項中「前条第1項」とあるのは「第28条」と、「同条第3項後段」とあるのは「第29条において準用する第15条第3項後段」と読み替えるものとする。

　　　　第4章　行政指導

(行政指導の一般原則)

第30条　行政指導にあっては、行政指導に携わる者は、当該県の機関の任務又は所掌事務の範囲を逸脱してはならないこと及び行政指導の内容が相手方の任意の協力によって実現されるものであることに留意しなければならない。

2　行政指導に携わる者は、その相手方が行政指導に従わなかったことを理由として、不利益な取扱いをしてはならない。ただし、他の条例で定めるところにより、その相手方に意見を述べる等の機会を与えた上で、行政指導の事実その他当該条例で定める事項を公表することを妨げない。

(申請に関連する行政指導)

第31条　申請の取下げ又は内容の変更を求める行政指導にあっては、行政指導に携わる者は、申請者が当該行政指導に従う意思がない旨を明確に表明したにもかかわらず当該行政指導を継続すること等により当該申請者の権利の行使を妨げるようなことをしてはならない。

2　前項の規定は、申請者が行政指導に従わないことにより公の利益に著しい障害を生ずるおそれがある場合に、当該行政指導に携わる者が当該行政指導を継続することを妨げない。

(許認可等の権限に関連する行政指導)

第32条　許認可等をする権限又は許認可等に基づく処分をする権限を有する県の機関が、当該権限を行使することができない場合又は行使する意思がない場合においてする行政指導にあっては、行政指導に携わる者は、当該権限を行使し得る旨を殊更に示すことにより相手方に当該行政指導に従うことを余儀なくさせるようなことをしてはならない。

(行政指導の方式)

第33条　行政指導に携わる者は、その相手方に対して、当該行政指導の趣旨及び内容並びに責任者を明確に示さなければならない。

2　行政指導に携わる者は、当該行政指導をする際に、県の機関が許認可等をする権限又は許認可等に基づく処分をする権限を行使し得る旨を示すときは、その相手方に対して、次に掲げる事項を示さなければならない。

(1) 当該権限を行使し得る根拠となる法令の条項

(2) 前号の条項に規定する要件

(3) 該権限の行使が前号の要件に適合する理由

3　行政指導が口頭でされた場合において、その相手方から前2項に規定する事項を記載した書面の交付を求められたときは、当該行政指導に携わる者は、行政上特別の支障がない限り、これを交付しなければならない。

4　前項の規定は、次に掲げる行政指導については、適用しない。
　(1)　相手方に対しその場において完了する行為を求めるもの
　(2)　既に文書（前項の書面を含む。）又は電磁的記録（電子的方式、磁気的方式その他人の知覚
　　によっては認識することができない方式で作られる記録であって、電子計算機による情報処
　　理の用に供されるものをいう。）によりその相手方に通知されている事項と同一の内容を求
　　めるもの
　（複数の者を対象とする行政指導）
第34条　同一の行政目的を実現するため一定の条件に該当する複数の者に対し行政指導をしよ
　うとするときは、県の機関は、あらかじめ、事案に応じ、これらの行政指導に共通してその内容
　となるべき事項を定め、かつ、行政上特別の支障がない限り、これを公表しなければならない。
　（行政指導の中止等の求め）
第35条　法令に違反する行為の是正を求める行政指導（その根拠となる規定が法律又は条例に置
　かれているものに限る。）の相手方は、当該行政指導が当該法律又は条例に規定する要件に適合
　しないと思料するときは、当該行政指導をした県の機関に対し、その旨を申し出て、当該行政
　指導の中止その他必要な措置をとることを求めることができる。ただし、当該行政指導がその
　相手方について弁明その他意見陳述のための手続を経てされたものであるときは、この限りで
　ない。
2　前項の申出は、次に掲げる事項を記載した申出書を提出してしなければならない。
　(1)　申出をする者の氏名又は名称及び住所又は居所
　(2)　当該行政指導の内容
　(3)　当該行政指導がその根拠とする法律又は条例の条項
　(4)　前号の条項に規定する要件
　(5)　当該行政指導が前号の要件に適合しないと思料する理由
　(6)　その他参考となる事項
3　当該県の機関は、第1項の規定による申出があったときは、必要な調査を行い、当該行政指
　導が当該法律又は条例に規定する要件に適合しないと認めるときは、当該行政指導の中止その
　他必要な措置をとらなければならない。
　（この章の解釈）
第36条　この章の規定は、県の機関が公の利益のために必要な行政指導を行うことを妨げるもの
　と解釈してはならない。
　　　　第5章　処分等の求め
第37条　何人も、法令に違反する事実がある場合において、その是正のためにされるべき処分又
　は行政指導（その根拠となる規定が法律又は条例に置かれているものに限る。）がされていない
　と思料するときは、当該処分をする権限を有する行政庁又は当該行政指導をする権限を有する
　県の機関に対し、その旨を申し出て、当該処分又は行政指導をすることを求めることができる。
2　前項の申出は、次に掲げる事項を記載した申出書を提出してしなければならない。
　(1)　申出をする者の氏名又は名称及び住所又は居所
　(2)　法令に違反する事実の内容
　(3)　当該処分又は行政指導の内容
　(4)　当該処分又は行政指導の根拠となる法令の条項
　(5)　当該処分又は行政指導がされるべきであると思料する理由
　(6)　その他参考となる事項

3 当該行政庁又は県の機関は、第1項の規定による申出があったときは、必要な調査を行い、その結果に基づき必要があると認めるときは、当該処分又は行政指導をしなければならない。

第6章　届出

第38条　届出が届出書の記載事項に不備がないこと、届出書に必要な書類が添付されていることその他の条例等に定められた届出の形式上の要件に適合している場合は、当該届出が条例等により当該届出の提出先とされている機関の事務所に到達したときに、当該届出をすべき手続上の義務が履行されたものとする。

2　行政庁は、届出をしようとする者又は届出者の求めに応じ、届出書の記載及び添付書類に関する事項その他の届出に必要な情報の提供に努めなければならない。

第7章　雑則

（写しの交付）

第39条　当事者等は、行政庁（神奈川県情報公開条例（平成12年神奈川県条例第26号）第3条第2項に規定する実施機関（議会及び県が設立した地方独立行政法人を除く。）に限る。以下この条において同じ。）に対し第18条第1項及び第2項の資料（閲覧を拒否されたものを除く。）の写しの交付を求めることができる。

2　当事者又は参加人は、行政庁に対し第24条第1項の調書及び同条第3項の報告書の写しの交付を求めることができる。

3　前2項の規定は、行政手続法第18条第1項及び第2項の資料（閲覧を拒否されたものを除く。）又は同法第24条第1項の調書及び同条第3項の報告書について準用する。

4　前3項の規定による資料、調書及び報告書の写しの交付に要する費用は、これらの写しの交付を求める者の負担とする。

附　則

（施行期日）

1　この条例は、平成7年7月1日から施行する。

（経過措置）

2　この条例の施行前に第15条第1項又は第28条の規定による通知に相当する行為がされた場合においては、当該通知に相当する行為に係る不利益処分の手続に関しては、第3章の規定にかかわらず、なお従前の例による。

3　この条例の施行前に、届出その他規則で定める行為（以下「届出等」という。）がされた後一定期間内に限りすることができることとされている不利益処分に係る当該届出等がされた場合においては、当該不利益処分に係る手続に関しては、第3章の規定にかかわらず、なお従前の例による。

4　前2項に定めるもののほか、この条例の施行に関して必要な経過措置は、規則で定める。

○処分基準の考え方の例

1. 行政処分等の実施の目的

　介護保険制度は、要介護状態等の者が尊厳を保持し、その有する能力に応じ自立した日常生活を営むことができるよう、必要な保健医療サービス及び福祉サービスに係る給付を行うため、国民の共同連帯の理念に基づき設けられたものです。

　そして、サービスを提供する事業者については、制度の目的を果たすため、人員、設備及び運営基準に従い、利用者の人格を尊重し、法令を遵守し、適切なサービスを提供することが義務付けられています。

　また、本制度では、居宅サービス等、事業の多くの分野においては、基準に合致することを前提に自由に事業への参入が認められています。

　したがって、介護保険法に基づく介護サービス事業者に対する行政処分等は、介護サービス事業者がこれらの義務を果たさず、ひいては制度の趣旨・目的に反する行為を行っている場合に、速やかにその不正行為を抑止し、利用者の尊厳及び適切なサービスを受けられる状態を回復し、これらの行為について当該事業者を始め広く一般的に再発防止を図ることに資する厳正な措置でなくてはならず、これにより、国民の制度への信頼を確保し、国民の共同連帯の理念による介護保険制度を持続させることを目的とするものです。

　なお、一方で、行政処分等は、介護サービス事業者の事業運営に多大な影響を及ぼすものであることも踏まえて、不正行為の事実認定、処分事由への該当性判断、処分等の程度決定、最終的な処分等の通知までの一連の手続を含め、常に、法令等に基づき、社会通念にも照らし合わせつつ、合理的な根拠を持って行うよう努めなければなりません。

2. 前提となる考え方

● 行政処分等は、介護サービス事業者が行った不正行為が介護保険法第77条第1項各号等の処分事由のいずれかに該当する場合に行われるものです。ここでは、過去の行政処分等の事案の処分事由のうち大層を占める人員基準違反（第3号）、運営基準違反（第4号）、人格尊重義務違反（第5号）、不正請求（第6号）及び不正の手段による指定（第9号）の5つに該当する場合の処分等の程度決定について定めています。

● 処分等の程度決定にあたっては、原則として、不正行為の内容・程度を処分事由ごとに照らして判断するものとし、処分事由のうち、監査時の虚偽報告（第7号）及び虚偽答弁（第8号）についても、もとよりこれのみを事由として処分等を行うことができるものですが、ここでは、虚偽報告等による隠ぺい前の事実が該当する不正行為自体が該当する処分事由の程度決定時の加重項目として取扱います。

● 処分等の程度の検討については、まず、指定取消、指定の全部効力停止及び一部効力の停止という処分の程度をA級〜D級という態様に分類し、そのうち全部効力停止については期間、一部効力停止については期間及び内容により区分するものとします。そして、上記5つの処分事由について、それぞれ基準となる態様として位置付けます。なお、人員基準違反及び運営基準違反については、原則としてそれらの処分の前段階として、行政指導たる勧告（勧告に従わない場合、命令）があります。ただし、人格尊重義務違反、不正請求、

不正の手段による指定については、介護保険法上、行政処分の事由となるため、勧告とはならないことに留意が必要です。

処分事由	態様（級）	基本となる処分内容	根拠条文
人員基準違反	A級	勧告	介護保険法77条第1項第3号等
運営基準違反	A級	勧告	同77条第1項第4号等
人格尊重義務違反	C級	指定の全部効力停止	同77条第1項第5号等
不正請求	C級	指定の全部効力停止	同77条第1項第6号等
不正の手段による指定	C級	指定の全部効力停止	同77条第1項第9号等

図表9：基本となる処分の態様

● 以下に、行政処分等の程度を考えるうえでの考え方の例をあげますが、態様や内容については、各自治体によって検討のうえ、定めるものとなります。

態様	内容（期間等）
A級	勧告（人員基準違反、運営基準違反時のみ）、勧告以外の行政指導
B級－1号	指定の一部効力停止1月（新規利用者受入停止等）
B級－2号	指定の一部効力停止3月（新規利用者受入停止等）
B級－3号	指定の一部効力停止6月（新規利用者受入停止等）
B級－4号	指定の一部効力停止1年（新規利用者受入停止等）
C級－1号	指定の全部効力停止1月
C級－2号	指定の全部効力停止3月
C級－3号	指定の全部効力停止6月
C級－4号	指定の全部効力停止1年
D級	指定取消

※指定の効力停止の期間（号）については、原則として、1月、3月、6月、1年の4区分とする。

図表10：行政処分等の様態と内容の例

3. 基本的な考え方

(1) 処分等の程度決定にあたっては、原則として以下の各段階を経て決定します。

① 処分事由ごとに、基本となる処分等の態様（A級〜D級）を定めます。人員、設備及び運営基準違反については、法の定めにより原則として「勧告」とします。その他の不正行為については、行政処分のうち中位的な態様である「指定の全部効力停止」とします。

② 処分等の対象事案の個別事情を当該処分等の態様に反映させるために、処分事由ごとに、利用者被害、法益を侵害している様態・程度、故意性、常習性、組織性、悪質性及び過去5年の行政処分等という項目に関し、基本となる処分等の態様に加重又は軽減する場合の内

容及びその程度を定めます。

③ 処分等の態様が指定の全部効力停止又は一部効力停止となる場合の基本となる処分の期間については、3月とします。これに個別事情を当該処分の期間に反映させるために、処分事由ごとに、利用者被害、法益を侵害している様態・程度、故意性、常習性、組織性、悪質性及び過去5年の行政処分等という項目に関し、基本となる処分の期間に加重又は軽減する場合の内容及びその程度を定めます。加重又は軽減は月単位とし、基本となる処分の期間として定めた3月に加重・軽減の月数を加え、その月数に応じて、加重・軽減後月数を決定します。

加重・軽減後月数	換算程度（号）	内容
1〜2月	1号	指定の全部又は一部効力停止1月
3〜5月	2号	指定の全部又は一部効力停止3月
6〜8月	3号	指定の全部又は一部効力停止6月
9月〜	4号	指定の全部又は一部効力停止1年

図表11：処分期間の換算表

④ 処分等の態様が指定の一部効力停止となる場合の内容の詳細については、以下のとおりとします。
(ア) 原則として、新規利用者の受入停止とする。
(イ) 処分対象事業種別と処分原因によっては、業務の部分的停止とする。
(ウ) 報酬支払額の制限（減額）については、原則として、本来、指定取消又は指定の全部効力停止相当であるところを利用者保護等の観点から指定の一部効力停止処分へと変更する場合（下記(4)参照）に適用する。
(エ) 報酬支払額の制限（減額）の程度及び期間については、当該処分の態様の変更の趣旨が、利用者のサービス継続性の確保（利用者保護）であることから、事業の継続運営も考慮し、原則として、その程度については、定員超過・人員欠如に関して規定されている7割への制限（減算部分は3割）、その期間については、指定取消処分相当からの変更の場合は6月、指定の全部効力停止相当からの変更のときは3月を標準とする。

(2) 一つの不正等行為が二つ以上の処分事由に該当する場合、または手段若しくは結果である行為が他の処分事由にも該当する一連の行為の場合には、原則として、処分事由ごとに処分等の程度を検討した上で、最も重い程度区分となるものを適用します。ただし、それぞれの処分事由に応じて、同時に行政処分と勧告・指導を行うことを妨げるものではありません。

(3) 二以上の不正等行為について併せて処分等を行うときは、それぞれの不正等行為ごとに処分等の程度を検討した上で、最も重い程度区分となるものに適宜加重（原則、処分の期間を加重。加重対象不正行為の程度によっては処分の態様を変更）を行います。ただし、同一の処分事由に該当する複数の行為については、時間的、場所的接着性や行為態様の類似性等から、全体として一の行為と認めうる場合には、単一の行為とみなすことができるものとします。

⑷　上記⑴から⑶の過程をすべて検討の上、導き出された処分等の程度の妥当性について、利用
者保護及び事業所運営体制等の観点から検証する必要のある内容を定めます。この内容を検
証して、必要な場合は処分等の程度を変更のうえ、最終決定します。

4.　個別事情による加重・軽減

　上記の基本的な処分程度に対し、個別事情による加重や軽減を行います。

　以下に、加重・軽減の判断基準例を記載しますが、あくまで例であり、各視点の具体的な内容
や程度については、各自治体によって検討の上、定めるものとなります。

　また、以下の表中の「程度」欄における態様は、前述の「図表10：行政処分等の様態と内容の例」
における態様を指します。

　加重・軽減の考え方ですが、例えば人員基準違反の場合、基本的な処分程度は「図表9：基本
となる処分の態様」のとおり「基本となる処分内容：勧告」となります。以下の表を基に加重軽減
を行った結果、加重の程度が「＋2級」となった場合は、図表10における勧告（A級）から2級上
の指定の全部効力停止（C級）となります。

　ここでは「3　基本的な考え方」の⑴－③のとおり、処分等の態様が指定の全部効力停止又は一
部効力停止となる場合の期間については、基本を3月とするとしているため、加重軽減の結果、「C
級－2号：指定の全部効力停止3月」となります。

⑴　人員基準違反

項目	内容	程度
①利用者被害、法益を侵害している様態・程度	【加重の視点】 ● 利用者の生命又は身体の安全に重大な危害を及ぼすおそれのあるもの ● 利用者の身体の安全に危害を及ぼすおそれのあるもの	＋2級（態様） ＋1級（態様）
②故意性	【加重の視点】 ● 故意又は重大な過失[17]に基づく行為 【軽減の視点】 ● 軽過失[18]に基づく行為で情状をくむべき場合	＋1月（期間） ▲1月（期間）
③常習性	【加重の視点】 ● 違反状況の継続が1年以上の場合 【軽減の視点】 ● 違反状況の継続が3月以下の場合	＋1月（期間） ▲1月（期間）
④組織性	【加重の視点】 ● 役員[19]等が実行又は関与（指示）していたもの ● 役員等が不正行為を認識しながら隠ぺいを行ったもの 【軽減の視点】 ● 役員等が実行又は関与（指示）していないもの	＋1月（期間） ＋1月（期間） ▲1月（期間）

(17) 重大な過失、重過失については、マニュアル内「4.3.2 故意、重過失、軽過失とは」を参照のこと
(18) 上記、重過失と同様
(19) この役員等とは事業所の管理者も含まれる

項目	内容	程度
⑤悪質性	【加重の視点】 ● 当該不正行為につき、行政から職員の増員、利用定員等の見直し、事業の休止等の指導を受けているにも関わらず正当な理由なく指導に従っていないもの	＋２級(態様)
	● 監査時に、虚偽報告、虚偽答弁の事実が認められたもの	＋１級(態様)
	【軽減の視点】 ● 事業所が不正行為の事実を知り得た時点で速やかに報告又は改善措置を取ったもの	▲１級(態様)
⑥過去５年の行政処分等	【加重の視点】 ● 同一の不正行為について、命令又は指定の効力停止処分を受けているとき	＋３級(態様)
	● 同一の不正行為について、行政指導(勧告含む)を受けているとき	＋１級(態様)
	● 別の不正行為について、勧告、命令又は指定の効力の停止処分を受けているとき	＋１級(態様)
	● 不正行為を主導した者が他の事業所で不正行為を主導したことがあり、その事業所が当該不正行為により行政処分等を受けているとき	＋１級(態様)

(2) 運営基準違反

項目	内容	程度
①利用者被害、法益を侵害している様態・程度	【加重の視点】 ● 利用者の生命又は身体の安全に重大な危害を及ぼすおそれのあるもの	＋２級(態様)
	● 本基準違反が次に掲げる場合その他の事業者が自己の利益を図るためのものであるとき ・ 介護サービスの提供に際して利用者が負担すべき額の支払を適正に受けなかったとき ・ 介護サービス提供事業者と居宅介護支援事業者間での金品その他の財産上の利益の供与又は収受に関するものであるとき	＋２級(態様)
	● 利用者の身体の安全に危害を及ぼすおそれのあるもの	＋１級(態様)
②故意性	【加重の視点】 ● 故意又は重大な過失に基づく行為	＋１月(期間)
	【軽減の視点】 ● 軽過失に基づく行為で情状をくむべき場合	▲１月(期間)
③常習性	【加重の視点】 ● 違反状況の継続が１年以上の場合	＋１月(期間)
	【軽減の視点】 ● 違反状況の継続が３月以下の場合	▲１月(期間)

④組織性	【加重の視点】	
	● 役員等が実行又は関与（指示）していたもの	＋１月（期間）
	● 役員等が不正行為を認識しながら隠ぺいを行ったもの	＋１月（期間）
	【軽減の視点】	
	● 役員等が実行又は関与（指示）していないもの	▲１月（期間）
⑤悪質性	【加重の視点】	
	● 基準違反が定員超過利用の場合であって、行政から定員の超過利用の解消の指導を受けているにも関わらず正当な理由がなく定員超過が２月以上継続しているとき	＋２級（態様）
	● 監査時に、虚偽報告、虚偽答弁の事実が認められたもの	＋１級（態様）
	【軽減の視点】	
	● 事業所が不正行為の事実を知り得た時点で速やかに報告又は改善措置を取ったもの	▲１級（態様）
⑥過去５年の行政処分等	【加重の視点】	
	● 同一の不正行為について、命令又は指定の効力停止処分を受けているとき	＋３級（態様）
	● 同一の不正行為について、行政指導（勧告含む）を受けているとき	＋１級（態様）
	● 別の不正行為について、勧告、命令又は指定の効力の停止処分を受けているとき	＋１級（態様）
	● 不正行為を主導した者が他の事業所で不正行為を主導したことがあり、その事業所が当該不正行為により行政処分等を受けているとき	＋１級（態様）

(3) 人格尊重義務違反

項目	内容	程度
①利用者被害、法益を侵害している様態・程度	【加重の視点】	
	● 利用者の生命又は身体の安全に重大な危害を及ぼすもの	＋１級（態様）
	【軽減の視点】	
	● 利用者の生命又は身体の安全に危害を及ぼさないもの並びに利用者の財産を著しく侵害しないもの	▲１級（態様）
②故意性	【加重の視点】	
	● 故意又は重大な過失に基づく行為	＋１月（期間）
	【軽減の視点】	
	● 軽過失に基づく行為で情状をくむべき場合	▲１月（期間）
③常習性	【加重の視点】	
	● 不正行為の継続が３月超の場合	＋１月（期間）
	【軽減の視点】	
	● 不正行為の継続が３月以下の場合	▲１月（期間）

④組織性	【加重の視点】 ● 役員等が実行又は関与（指示）していたもの ● 役員等が不正行為を認識しながら隠ぺいを行ったもの 【軽減の視点】 ● 役員等が実行又は関与していないもの	＋1級（態様） ＋2月（期間） ▲1級（態様）
⑤悪質性	【加重の視点】 ● 監査時に、虚偽報告、虚偽答弁の事実が認められたもの 【軽減の視点】 ● 事業所として不正行為の事実を知り得た時点で速やかに報告又は改善措置を取ったもの	＋1級（態様） ▲1級（態様）
⑥過去5年の行政処分等	【加重の視点】 ● 同一の不正行為について、命令又は指定の効力停止処分を受けているとき ● 不正行為を主導した者が他の事業所で不正行為を主導したことがあり、その事業所が当該不正行為により行政処分等を受けているとき ● 同一の不正行為について、行政指導（勧告含む）を受けているとき ● 別の不正行為について、勧告、命令又は指定の効力の停止処分を受けているとき	＋1級（態様） ＋1級（態様） ＋4月（期間） ＋2月（期間）

(4) 不正請求

項目	内容	程度
①利用者被害、法益を侵害している様態・程度	【加重の視点】 ● 不正請求額が事業所の年間収入（介護報酬及び利用者負担額）の概ね10％以上の場合 【軽減の視点】 ● 不正請求額が事業所の年間収入の概ね1％未満の場合（ただし、不正請求の内容が明確な架空請求等、著しく悪質な場合は軽減の対象としないことができる。）	＋1級（態様） ▲1級（態様）
②故意性	【加重の視点】 ● 故意又は重大な過失に基づく行為 【軽減の視点】 ● 軽過失に基づく行為で情状をくむべき場合	＋1月（期間） ▲1月（期間）
③常習性	【加重の視点】 ● 不正行為の継続が1年以上の場合 【軽減の視点】 ● 不正行為の継続が3月以下の場合	＋1月（期間） ▲1月（期間）

④組織性	【加重の視点】	
	● 役員等が実行又は関与（指示）していたもの	＋１月（期間）
	● 役員等が不正行為を認識しながら隠ぺいを行ったもの	＋１月（期間）
	【軽減の視点】	
	● 役員等が実行又は関与していないもの	▲１月（期間）
⑤悪質性	【加重の視点】	
	● 監査時に、虚偽報告、虚偽答弁の事実が認められたもの	＋１級（態様）
	【軽減の視点】	
	● 事業所として不正行為の事実を知り得た時点で速やかに報告又は改善措置を取ったもの	▲１級（態様）
⑥過去５年の行政処分等	【加重の視点】	
	● 同一の不正行為について、命令又は指定の効力停止処分を受けているとき	＋１級（態様）
	● 不正行為を主導した者が他の事業所で不正行為を主導したことがあり、その事業所が当該不正行為により行政処分等を受けているとき	＋１級（態様）
	● 同一の不正行為について、行政指導（勧告含む）を受けているとき	＋４月（期間）
	● 別の不正行為について、勧告、命令又は指定の効力の停止処分を受けているとき	＋２月（期間）

(5) 不正の手段による指定

項目	内容	程度
①利用者被害、法益を侵害している様態・程度	【加重の視点】	
	● 明らかに勤務することが不可能な者の名義を使用して指定申請を行うなど申請に重大明白な瑕疵があり、事業開始後も人員基準違反等の状態が継続していたもの	＋１級（態様）
	【軽減の視点】	
	● 指定申請時の勤務予定者が勤務できなくなったが申請の変更を行わず、そのまま指定を受けた場合で、事業開始時には人員基準違反等の状態が解消されていたもの	▲１級（態様）
②故意性	【加重の視点】	
	● 故意又は重大な過失に基づく行為	＋１月（期間）
	【軽減の視点】	
	● 軽過失に基づく行為で情状をくむべき場合	▲１月（期間）
③常習性	―	

④組織性	【加重の視点】 ● 役員等が実行又は関与（指示）していたもの ● 役員等が不正行為を認識しながら隠ぺいを行ったもの 【軽減の視点】 ● 役員等が実行又は関与していないもの	＋1月（期間） ＋1月（期間） ▲1月（期間）
⑤悪質性	【加重の視点】 ● 監査時に、虚偽報告、虚偽答弁の事実が認められたもの ● 不正の手段による指定申請に起因する基準違反等の継続が3月超の場合 【軽減の視点】 ● 事業所として不正行為の事実を知り得た時点で速やかに報告又は改善措置を取ったもの ● 不正の手段による指定申請に起因する基準違反等の継続が3月以下の場合	＋1級（態様） ＋1月（期間） ▲1級（態様） ▲1月（期間）
⑥過去5年の行政処分等	【加重の視点】 ● 同一の不正行為について、命令又は指定の効力停止処分を受けているとき ● 不正行為を主導した者が他の事業所で不正行為を主導したことがあり、その事業所が当該不正行為により行政処分等を受けているとき ● 同一の不正行為について、行政指導（勧告含む）を受けているとき ● 別の不正行為について、勧告、命令又は指定の効力の停止処分を受けているとき	＋1級（態様） ＋1級（態様） ＋4月（期間） ＋2月（期間）

5. 利用者保護及び事業所運営体制等による変更（全処分事由共通）

前述までのとおり、事由により定めた基本的な処分程度に加重、軽減を行った後、さらに利用者保護や運営体制に対する評価を行います。この評価は全処分事由に共通なものです。

項目	内容	変更程度
①利用者保護	● 指定取消又は指定の全部効力停止相当であるが、代替サービスの確保の見込みが立たず、利用者へのサービス継続の必要性の観点から当該事業所の運営継続がやむを得ないと判断される場合であって、不正行為の要因が除去され、適切なサービス提供が行われる見込みがあるとき	指定取消又は指定の全部効力停止を一部効力停止へ変更

②運営体制等[20]	● 勧告（指導）相当であるが、事業者の役員又は事業所の管理者の法令等の知識が欠如、職員の介護に関する知識・技術が欠如又は組織体としての運営体制の不備等により、新規利用者を受け入れる状態にないと見込まれる場合であって、役員等に改善の意思があり一定の期間を経て改善される見込みがあるとき	勧告（指導）を一部効力停止へ変更
	● 勧告（指導）又は指定の一部効力停止相当であるが、事業者の役員又は事業所の管理者の法令等の知識が甚だしく欠如、職員の介護に関する知識・技術が著しく欠如又は組織体としての運営体制の著しい不備等により、現行の状態での事業継続が利用者への不利益へとつながるおそれがあることから事業を継続させることが適当でないと見込まれる場合であって、役員等に改善の意思があり一定の期間を経て改善される見込みがあるとき	勧告（指導）又は指定の一部効力停止を全部停止へ変更
	● 上記の場合又は指定の全部効力停止相当であって、役員等に改善の意思が見られず改善される見込みがないとき	勧告（指導）並びに指定の一部又は全部効力停止を指定取消へ変更する例

6. その他の留意点

行政処分程度を決定するにあたり、以下の点についても留意が必要となります。

(1) 人員基準違反及び運営基準違反の場合

法の規定では、「条例で定める員数を満たすことができなくなったとき」及び「基準に従って適正な指定居宅サービスの事業の運営をすることができなくなったとき」とされていることから、監査時以前の過去の一時期に基準違反があったが監査時には基準が満たされているという場合には、行政処分等の事由には該当しません。ただし、人員基準違反に起因する不正請求等は当然のことながら行政処分等の事由に該当します。

(2) 不正請求の場合

サービス提供記録等が全部又は一部存在しない並びに不備がある場合等は、明確に運営基準に違反していると考えられますが、不正請求と認定するにあたっては、関係者の証言や他の諸記録との整合性等を調査し、サービス提供が不可能であったことを確認できるか否か判断を行うことが必要となります。

---

(20) この「運営体制等」については、監査の結果、運営基準違反（人員基準違反）のため、本来であれば勧告すべきものであるが、当該事業所に対して加重するか否かを検討するべき事項を意味する。

この場合、経験則による不正請求の推認 [21] を行うことも可能ですが、事業者側に特段の主張がないか確認しておくことも慎重な判断を行う上での一助になると考えられます。

⑶　不正の手段による指定の場合

不正の手段による指定を処分事由として指定取消を行う場合は、原則として指定時に遡り指定の効力が取り消されるものであり（その他の処分事由による指定取消は、処分日から指定の効力が取り消される）、指定後に受領した介護報酬等は全額返還対象となります。

なお、不正の手段による申請を処分事由として指定の全部又は一部効力停止を行う場合は、指定の効力は処分日（効力発生日）から停止されます。

※本資料は「令和4年度 老人保健事業推進費等補助金 老人保健健康増進等事業 指定介護サービス事業所等に対する『監査マニュアル（仮称）』の策定に関する調査研究事業報告書」（浜銀総合研究所、2023年3月）の一部を転載したものです。

---

(21)監査マニュアル（仮称・案）の「4.3.3 不正認定について」も参照のこと

事項索引

判例索引

著者紹介

板垣　勝彦 （いたがき　かつひこ）

横浜国立大学大学院国際社会科学研究院教授

昭和56年　福島市に生まれる
平成11年　福島県立福島高等学校卒業
平成16年　東京大学法学部卒業
平成18年　東京大学法科大学院修了
平成19年　東京大学大学院法学政治学研究科助教
平成22年　国土交通省住宅局住宅総合整備課主査
平成23年　山梨学院大学法学部講師
平成25年　横浜国立大学大学院国際社会科学研究院准教授
令和4年　横浜国立大学大学院国際社会科学研究院教授
現在に至る
博士（法学）

〔著書〕
『保障行政の法理論』（弘文堂、平成25年）
『住宅市場と行政法—耐震偽装、まちづくり、住宅セーフティネットと法—』（第一法規、平成29年）
『「ごみ屋敷条例」に学ぶ条例づくり教室』（ぎょうせい、平成29年）
『地方自治法の現代的課題』（第一法規、令和元年）
『自治体職員のためのようこそ地方自治法［第3版］』（第一法規、令和2年）
『都市行政の変貌と法』（第一法規、令和5年）
『条例づくり教室—構造の理解を深め、使いこなそう！』（ぎょうせい、令和5年）
『公務員をめざす人に贈る行政法教科書［第2版］』（法律文化社、令和5年）

サービス・インフォメーション

―― 通話無料 ――

① 商品に関するご照会・お申込みのご依頼
　　　　　TEL 0120 (203) 694／FAX 0120 (302) 640

② ご住所・ご名義等各種変更のご連絡
　　　　　TEL 0120 (203) 696／FAX 0120 (202) 974

③ 請求・お支払いに関するご照会・ご要望
　　　　　TEL 0120 (203) 695／FAX 0120 (202) 973

● フリーダイヤル（TEL）の受付時間は、土・日・祝日を除く
　9：00〜17：30です。
● FAXは24時間受け付けておりますので、あわせてご利用ください。

行政手続と自治体法務

―法律、条例、判例をおさえて公正・透明な行政手続を実現する

2024年1月10日　初版発行

著　者　　板　垣　勝　彦

発行者　　田　中　英　弥

発行所　　第一法規株式会社
　　　　　〒107-8560　東京都港区南青山2-11-17
　　　　　ホームページ　https://www.daiichihoki.co.jp/

行政手続法務　ISBN 978-4-474-09377-5　C2032（3）